采访三国

史宗义 著

中国言实出版社

图书在版编目（CIP）数据

采访三国 / 史宗义著. -- 北京：中国言实出版社，2017.3
ISBN 978-7-5171-2261-6

Ⅰ. ①采… Ⅱ. ①史… Ⅲ. ①中国历史 - 三国时代 - 通俗读物
Ⅳ. ① K236.09

中国版本图书馆 CIP 数据核字（2017）第 053360 号

出 版 人：王昕朋
总 监 制：朱艳华
责任编辑：崔文婷
封面设计：淡晓库

出版发行 中国言实出版社
地　址：北京市朝阳区北苑路 180 号加利大厦 5 号楼 105 室
邮　编：100101
编辑部：北京市海淀区北太平庄路甲 1 号
邮　编：100088
电　话：64924853（总编室） 64924716（发行部）
网　址：www.zgyscbs.cn
E-mail：zgyscbs@263.net

经　销 新华书店
印　刷 廊坊市海涛印刷有限公司
版　次 2017 年 4 月第 1 版　2017 年 4 月第 1 次印刷
规　格 710 毫米 ×1000 毫米　1/32　9.875 印张
字　数 160 千字
定　价 29.80 元　ISBN 978-7-5171-2261-6

不同寻常的采访（序）

小时候读《三国演义》，我对诸葛亮佩服得五体投地。中年以后读《三国志》，诸葛亮让我大跌眼镜。

以前在戏剧舞台上看到白脸曹操，我对他恨得要死，口中不住地骂：“奸臣，该死的大奸臣！”中年以后读《三国志》，曹操在我心中却变得伟大起来。

刘备真是个大好人，别人给他城池和地盘，他硬是不要。后来才恍然大悟，这一切都是假的。

关羽过五关、斩六将，何等英雄气概！后来才知道，这些都是虚构的。

袁绍是个大草包、大笨蛋，死了也活该！后来才明白，袁绍是冤枉的。

周瑜的肚量也太小了，竟然被诸葛亮气死。后来才晓得，这不是历史事实。

……

读过《三国志》，回过头来再看《三国演义》，心中的疑惑越来越多。后来终于清楚了，历史毕竟不是小说，小说也不是历史，但历史比小说更精彩，更耐人寻味。于是，我有了这次不同寻常的“采访”。

其实，“采访”只是一种形式，书中的内容都来自正史，绝无半点戏说甚至虚构。

反映三国历史的书籍很多，这部书的不同之处首先表现在写作形式上。整部书采用记者问答式的结构，这种写作方法目前并不多见；其次，这部书不是就事论事，而是在揭开三国人物内心世界的同时，能给今天的人们以更多的启发和收获。这才是我写这本书的真实意图。

史宗义

2017 年 3 月

目　录

第一章　汉献帝：人要有自知之明　/　001

第二章　刘备：假到真时真亦假　/　021

第三章　刘禅：男儿当自强　/　043

第四章　诸葛亮：性格决定命运　/　055

第五章　关羽：骄傲自大害死人　/　071

第六章　孟达：命运往往掌握在别人手里　/　081

第七章　曹操：人才是最大的财富　/　093

第八章　董卓：多行不义必自毙　/　117

第九章　袁绍：勿以成败论英雄　/　123

第十章　陈宫：诱惑是一块试金石　/　135

第十一章　曹丕：我顺应了时代潮流　/　143

第十二章　荀彧：1% 大于 99%　/　153

第十三章　司马懿：狐狸的“狡猾”也是智慧　/　161
第十四章　明元郭皇后：历史何以如此相似　/　179
第十五章　臧洪：要留清白在人间　/　191
第十六章　华歆：是非功过任人说　/　199
第十七章　管宁：人生可以有多种选择　/　207
第十八章　于禁：英雄成败皆偶然　/　219
第十九章　孙坚：创业艰难百战多　/　227
第二十章　孙权：坐江山比打江山更难　/　241
第二十一章　孙亮：权臣是一把双刃剑　/　259
第二十二章　孙皓：心理变态导致吴国灭亡　/　271
第二十三章　张昭：付出和回报不一定成正比　/　289
第二十四章　吕蒙：读书改变了我的人生　/　297

第一章

汉献帝：人要有自知之明

到三国采访之前，我首先采访了东汉亡国之君汉献帝刘协，他对记者提出的问题一一做了回答。

天下大乱源于君弱臣强

问：恕我直言，你作为东汉的亡国之君，现在有何感想？

答：作为一个亡国之君，我心里很难受。这不仅是一个王朝的悲剧，更是我个人的悲剧。我愧对祖先，生不如死。

问：东汉为什么会灭亡，你想过这个问题吗？

答：怎么没有想过？自从我被迫让位之后，我天天在想这个问题。

问：想明白了吗？

答：冰冻三尺非一日之寒，一个王朝的兴衰必然有一个过程，东汉的灭亡也是这样。的确，东汉是在我手里丢掉的，但只要你看一下整个东汉的历史就会发现，其实我当初接手的就是一个无法挽救的烂摊子，就像一辆马车行驶到一个悬崖的边缘，任凭你这个赶车人有天大的本事，也是无济于事的。

问：你是在推卸自己的责任吗？

答：不是，我是在客观地分析这个问题。不过，我归纳了一下，东汉灭亡的主要原因就是君弱臣强。当然还有其他的一些原因。

问：能说得具体一些吗？

答：可以。东汉自第四个皇帝汉和帝开始，全部都是少年皇帝。汉和帝即位时十岁，汉殇帝即位时刚过了百天，还是一个襁褓中的婴儿，汉安帝是十三岁，汉顺帝是十一岁，汉冲帝是二岁，汉质帝八岁，汉桓帝十五岁，我爸爸汉灵帝十二岁，我哥哥汉少帝十四岁，我即位时九岁。你看看，包括我在内的十个皇帝，年纪都不大，根本没有执政能力，这就是造成君弱臣强的根本原因。

君弱臣强带来的一个严重问题就是皇帝没有实权，朝政完全被强臣把持，皇帝就是一个摆设，是他们争权夺势的一枚棋子。而强臣把持朝政又带来一个严重恶果，就是钩心斗角，互相倾轧，最后造成天下大乱，无法收拾。所以说，东汉灭亡是迟早的事，只不过这个事被我遇到了，我成了亡国之君。事实证明，君强则国稳，君弱则国乱，甚至国亡。

问：这些强臣指的是哪些人？

答：三种人，一种是外戚，一种是宦官，一种是军阀。比如，我当皇帝期间，先是董卓专权，后来是郭汜，再后来是曹操，最后是曹丕。

问：外戚专权，最典型的是汉和帝时期的窦宪和汉桓帝时期的梁冀，但这两个人后来不是被铲除了吗？

答：是啊，汉和帝铲除窦宪，依靠的是宦官郑众。因为汉和帝被窦氏集团严密控制，无法接近大臣，只能依靠身边的宦官。窦宪被杀后，郑众因功得到重用，宦官用权就是从这时开始的。同样，汉桓帝铲除梁冀，依靠的也是宦官。延熹二年（公元 159 年）七月，梁皇后死后，大家都忙着办丧事，汉桓帝溜进厕所，与自己亲信的宦官唐衡设计，要铲除梁冀。唐衡又联络了其他四个宦官，最后成功地翦灭了梁氏集团。为了表彰这五个宦官的功劳，汉桓帝同一天将他们封侯，称“五侯”。这五个家伙得势后，犹如五条恶狼，在朝廷中又形成了一个庞大的宦官势力集团，他们穷凶极恶的程度比梁氏外戚有过之而无不及。所以，汉桓帝虽然铲除了梁氏集团，但结果是“前门拒虎，后门进狼”，就是杀了一群猛虎，又进来一群恶狼。从此，朝政大权落入“五侯”之手。

问：*那么，你爸爸汉灵帝呢？他是一个怎样的皇帝？*

答：老实讲，我爸爸不是一个好皇帝，是一个既可怜又可恨的皇帝。“五侯”之祸告一段落后，马上又出现了以张让、赵忠等为首的专权大阉“十常侍”。五条恶狼变成了十条恶狼，年幼的爸爸就如同这群恶狼之中的一只羔羊，任他们摆布，任他们宰割，东汉王朝就毁在这群恶狼手里。他们是东汉王朝灭亡的元凶，是东汉王朝的掘墓人。

问：*照你这么说，你爸爸汉灵帝就没有一点责任了？*

答：不是。刚才我说了，我爸爸是一个既可怜又可恨的皇帝。说他可怜，可以举一个例子。我爸爸当皇帝时才十二岁，开始由窦太后临朝掌权，窦太后的爸爸窦武辅政。在宦官势力猖獗的情况下，窦太后跟她爸爸窦武要铲除宦官势力，结果失败，宦官的势力更加猖獗。后来，张让、赵忠等人完全控制了我爸爸汉灵帝，他们模仿皇宫，为自己盖了豪华的宅第，根本不把我爸爸放在眼里。我爸爸喜欢登上永安宫的楼台，眺望洛阳的全景。张让、赵忠害怕爸爸登高会发现他们私自建造的豪华宅第，就命人劝说我爸爸，天子不应该登高，登高了会吓跑老百姓。我爸爸竟然相信了他们的鬼话，从此不敢再登高远眺了。你说，我爸爸可怜不可怜？

说我爸爸可恨，是因为他太相信和依赖张让、赵忠等那帮恶狼。他甚至把张让当作“父”，把赵忠当作“母”，把钱财都交给二人保管。因为我爸爸特别爱财，张让他们就唆使我爸爸卖官鬻爵，甚至公开明码标价，专门设立了一个卖官的机构，这是令人可恨的。

问：你爸爸为什么那么爱财？

答：我爸爸虽然也属于皇族，但从我爸爸、爷爷甚至再往上两代，当的只是个解渎亭（学者一般认为解渎亭在今河北省安国市境内）侯，生活条件并不好。汉桓帝死后无子，我爸爸阴差阳错被扶上皇帝宝座。因为我爸爸当皇帝的时候家境并不富裕，所以他对钱财的欲望十分强烈。当了皇帝以后，他常常想起昔日的寒酸生活，于是就利用自己的权力大肆捞钱，然后把聚敛的钱财交给张让他们保管。他最可恨的地方就是不应该卖官鬻爵，纵容“十常侍”胡作非为。这样的结果是朝纲败坏，民不聊生，天怒人怨，终于爆发了黄巾大起义。东汉王朝已病入膏肓，无可救药了。

问：你爸爸纵容“十常侍”胡作非为，难道朝中其他大臣就不敢反对吗？

答：有。我举几个例子。黄巾起义爆发不久，侍中张钧和向栩给我爸爸汉灵帝上书，说农民造反是由“十常侍”胡作非为引起的，要求杀掉“十常侍”以谢天下百姓。可恨的是，我爸爸只相信“十常侍”，不相信任何大臣。他甚至把张钧的上书拿给“十常侍”看。“十常侍”的做法历来是顺我者昌、逆我者亡，张钧、向栩很快就被他们处死了。

皇甫嵩文武双全，是朝廷的栋梁之材，对朝廷很忠心，对宦官集团深恶痛绝。他很会打仗，因镇压黄巾军有功，被提拔为左车骑将军，领冀州（治所在今河北高邑县东）牧，封槐里侯。有一次，皇甫嵩统军与张角作战，路过邺城（遗址位于今河北省临漳县西南十三公里的漳河北岸），看见宦官赵忠在那里修建的宅第跟皇宫差不多，大大超过了朝廷的规定，于是下令没收归公。还有一次，张让私下里向他索要五千万钱，皇甫嵩断然拒绝。这样，皇甫嵩得罪了张、赵二人，二人就向我爸爸汉灵帝大进谗言，说皇甫嵩率部连年征战，毫无战功，还浪费了国家的大量钱财，并且有通敌嫌疑。可恨爸爸相信谗言，将皇甫嵩从前线调回，撤掉左车骑将军之职，削去封邑六千户，由县侯贬为乡侯。

还有一个大臣叫刘陶，他也上书说天下大乱是由宦官造成的。张让那帮恶狼就一齐扑向刘陶，诬告刘陶勾结黄巾军，图谋不轨，将其打入监狱。刘陶自知难以活命，被迫自杀而死。

担任过司徒的陈耽、担任过太尉的张延，都因为得罪了宦官，被诬陷逮捕，死于狱中。这样的例子还有很多。这么说吧，谁要是反对宦官，谁就会招来杀身之祸。因此，在当时的情况下，忠臣得不到好报，谁还再敢为朝廷卖命？

问：这些忠臣被害死，你爸爸没有责任吗？

答：所以我刚才说了，我爸爸不是一个好皇帝。

问：你说你爸爸汉灵帝不是一个好皇帝，可东汉不是在他手里灭亡的，而是在你手里灭亡的，你怎么解释？

答：你说得不对，听我慢慢给你解释。

东汉实际亡于汉灵帝

问：我怎么说得不对了？

答：表面上，东汉是在我手里灭亡的，但实际上，在我爸爸汉灵帝死后，东汉就已经灭亡了。为什么这么说呢？我爸爸活着的时候，他虽然受制于宦官集团，但他手里毕竟还掌握着一定的皇权，此其一；那时候，东汉王朝虽然已经腐败透顶，但中央政府这颗心脏还在跳动，整套机器还在运转，此其二；在天下大乱的情况下，朝廷还有调动军队的权力，此其三。凭这三点说，我爸爸活着的时候，东汉王朝还是存在的。但是，我爸爸一死，以上所说的三点都不存在了，东汉王朝实际上已经灭亡了。

问：你爸爸死后，你哥哥汉少帝不是即位了吗？

答：不错，我哥哥是即位了，但不到半年就被董卓废了。

问：为什么？

答：这件事情比较复杂。我跟哥哥汉少帝是同父异母的兄弟，汉少帝的亲生母亲是何皇后，我的亲生母亲是王美人。何皇后是个嫉妒心很强的女人，自从爸爸宠爱我母亲后，她就恨上我母亲了。母亲怀了我之后，非常害怕何皇后陷害，就计划打胎。但她喝了打胎药，居然没事，后来就生了我。何皇后不能容忍母亲，于是将母亲害死了。我爸爸非常生气，要废掉何皇后，但由于何皇后有“十常侍”的支持，爸爸只好作罢。但从此以后，我爸爸就更加厌恶何皇后了。

我从小失去母亲，爸爸可怜我，就将我交给我的奶奶董太后抚养。

我跟哥哥相比，爸爸是打算让我接班的，但爸爸又不敢公然废长立幼,因为这不合乎礼制。当然这还不是主要原因。主要原因是我哥哥为何皇后所生，何皇后背后不仅有“十常侍”支持，而且他的哥哥何进是手握兵权的大将军，爸爸怕引起内乱，所以就把这件事拖了下来。等爸爸临终的时候，他把我托付给“十常侍”之外的另一个宦官蹇硕，希望将来蹇硕能拥立我为帝。但是，蹇硕与“十常侍”和何进相比，简直就是鸡蛋碰石头。我爸爸死后，蹇硕要除掉何进，立我为帝，但事情败露，惹得何进大怒，把蹇硕杀了。这样，我哥哥顺利做了皇帝。何进还不罢休，联合袁绍要彻底铲除宦官，包括“十常侍”，但遭到何太后的反对。何进是个优柔寡断的人，一时也拿不定主意。而袁绍则坚决主张要铲除宦官势力，何进与袁绍一商量，就背着何太后，以朝廷的名义从全国招来一批军阀猛将率兵入京，以威胁何太后。后来祸乱天下的大军阀董卓，就是这批应召入京中的一个。何进的做法，实在是引狼入室。

何太后见局势难以控制，只好答应将“十常侍”等宦官赶出皇宫,但仍然不同意杀掉他们。张让这群恶狼狗急跳墙，趁何进入宫的机会，先下手将何进杀死。袁绍、袁术大怒，率军杀进皇宫，对宦官大肆杀戮。张让等宦官抵挡不住，就劫持汉少帝和我逃出洛阳，跑到一个叫小平津的黄河渡口。可是，张让他们还没有找到渡船，追兵就赶到了。宦官们走投无路，全部投河自杀。

我们重新回到洛阳不久，董卓就废掉我哥哥，将我扶上了皇帝宝座。

通过这一变故，天下大乱，军阀混战的局面已经形成，东汉王朝实际上也不存在了。

问：董卓为什么要废掉你哥哥汉少帝？

答：董卓率部还没有到达洛阳，何进已经死了，我们也被张让那帮恶狼劫持到小平津。董卓听说之后，马上率部去奉迎我哥哥。见了哥哥之后，董卓问起事变的情况，我哥哥吓得“哇哇”大哭，一句话说不出来。董卓又问我，我就将我知道的情况告诉了董卓。董卓就觉得哥哥不是当皇帝的料，而我年纪虽小，但比我哥哥强，所以他就想立我为皇帝。

还有一个原因，我奶奶董太后姓董，董卓自认为他与我奶奶是同族，而我又从小被奶奶抚养，所以从感觉上倾向于我。我奶奶曾经劝我爸爸立我为太子，何皇后知道后，就恨上我奶奶了。我爸爸死后，何太后临朝，我奶奶也要参与政事，但何太后不让。这样，二人的关系更加恶化。何太后为了报复奶奶，就诬陷奶奶指使宦官勾结地方官员，收受贿赂，于是将我奶奶赶出永乐宫，并派何进围攻骠骑将军董重（我奶奶的侄子）的骠骑府。董重与何进不和，他自知不是何进的对手，于是自杀身亡。奶奶受了刺激，很快就暴病而死。老百姓都说，我奶奶并非暴病而死，而是被何太后兄妹害死的。到底是不是这样，我也不知道。所以，董卓立我为皇帝，恐怕还有一点点为我奶奶报仇的意思。

问：董卓想废就废，想立就立，他有那么大的权力吗？

答：董卓进京的时候，只带着三千兵马，实力并不强。但何进兄弟死后，董卓趁乱将何进兄弟的部队占有，不久又派吕布杀了丁原，将丁原的部队也收到自己帐下。这样，董卓的实力一下子猛增，成为实力最强的军阀之一。谁的实力强，谁就有发言权，事情就是这样。

问：董卓要废掉你哥哥，朝中大臣都同意吗，包括何太后？

答：何太后当然不同意了，但此时的何太后已经没有任何力量与董卓抗衡。因为支持他的“十常侍”都死了，掌握兵权的何进兄弟也死了，她不同意又能怎样？

朝中大臣都被董卓吓住了，不敢吭声，只有尚书卢植站出来反对。但反对也没用，董卓根本不听他的，命人夺了他的座位，并且要杀卢植。卢植是一个文人，手里没有部队，根本惹不起董卓。董卓免了他的官，他害怕被杀，就逃跑了。

董卓在与袁绍商量的时候，袁绍也不同意董卓的做法。两个人吵了一架，互相还要动刀子。结果，两人闹翻了，袁绍也害怕被董卓杀掉，于是率部到冀州去了。

这样，董卓逼迫何太后废了我哥哥汉少帝，将我立为了皇帝。为了给我奶奶报仇，董卓干脆将何太后杀了。

问：按说，董卓将你立为皇帝，他对你应该是讲忠诚的吧？

答：事实恰恰相反。董卓是什么人？董卓是军阀，军阀跟强盗有什么区别？强盗能有忠诚可言吗？

问：你当皇帝时年龄确实不大，但你毕竟是皇帝，难道你就没有一点权力吗？

答：我当皇帝时才九岁，身边没有一个可以依靠的亲人。我舅舅王斌资历太浅，能力有限，后来也病死了，我成了真正的孤家寡人。董卓作为一个军阀，能看起我这个九岁的娃娃吗？

问：你的意思是说，董卓完全控制了朝政？

答：是的。董卓先是取代刘弘当了司空，后来又自任太尉，很快又自任相国，后来又自任太师，他差一步就要自任皇帝了。不仅如此，董卓还擅自任命地方官员，凡是跟他亲近的人，都得到重要职位，根本不通过我这个皇帝。他想任命谁就任命谁，想免谁就免谁，想杀谁就杀谁。比如太尉黄琬、司徒杨彪，董卓说免就将二人免了。再比如太傅袁隗、太仆袁基等人，董卓说杀就将他们杀了。我既没有任命干部的权力，也没有调动部队的权力，你说说，我还是皇帝吗？所以我说，东汉王朝实际上在我爸爸死后就已经灭亡了。

问：董卓后来不是死了吗？

答：董卓死了以后，我被董卓的部将李傕、郭汜控制；李傕、郭汜死了之后，我被曹操控制；曹操死了之后，我被曹丕控制。事情就是这样。

问：你怎么总是被别人控制？

答：天下大乱，军阀混战，谁人眼里还有皇帝？谁人眼里还有朝廷？所以说东汉王朝在我手里早已名存实亡了。

我不是昏君

问：你当皇帝的时候年龄确实不大，没有能力应对当时的复杂局面，但你长大以后呢，你难道没有想过要恢复汉室吗？

答：你的意思我很明白。大家都说我是昏君，把东汉王朝葬送了，但我不同意这个说法，我不是昏君！

问：你不承认？

答：我不承认。什么是昏君？昏君就是分不清好坏，把好人当成坏人，把坏人当成好人。昏君不仅纵容别人干坏事，而且自己也干坏事，给国家和百姓带来深重灾难。我不是这样的人。

问：你是说，你从来没有干过坏事？

答：从来没有，而且我为恢复汉室一直进行着不屈不挠的斗争。

问：你都做过哪些斗争？

答：首先说，我被董卓劫持到长安后，就想办法摆脱他的控制。当时，汉室宗亲刘虞担任幽州牧，他的儿子刘和在我身边担任侍中，我就秘密派他去搬救兵。但是，关东各路诸侯都在热衷互相兼并，扩充各自的实力，无意西讨董卓，所以事情没有办成。董卓死后，司徒王允掌握了朝政，他是倾向于汉室的，我把希望都寄托在他身上。但是，王允缺乏政治眼光，气量狭小，惹恼了董卓的部将李傕和郭汜，结果不仅没有稳住政局，反而把自己的性命也丢了。如果王允在除掉董卓之后，心胸能够宽广一点，事情也许会有转机。从这一点来讲，王允不是一个合格的政治家。

问：在长安的那几年里，你的生活怎么样？

答：兴平元年（公元194年），我才十四岁，我在长安举行了成年仪式，意味着我已经是成年人了。这一年，长安地区发生了大旱，致使谷价飞涨，很多百姓被饿死，长安城中甚至出现了人吃人的现象。我命令侍御史侯汶调来粮食救济百姓，但还是有很多人被饿死。我怀疑这些粮食肯定被侯汶等人克扣，于是各取米豆五升，当场熬粥，结果熬出了两大盆粥，侯汶等人不得不认罪。从此，他们再也不敢克扣救济粮了。

第二年，李傕、郭汜发生了内讧，我趁乱逃出了长安。

郭汜的部队拦住了去路，我毫不畏惧，命人掀开车架的帘子，对他们说："你们谁敢走近天子？" 那些军士听了我的话，就都乖乖地退走了。

问：你当时真的不害怕吗？

答：怕有何用？反正我也豁出去了。

问：摆脱李傕、郭汜的控制之后，你回到了洛阳，当时洛阳是个什么情况？

答：破败不堪，惨不忍睹。洛阳的宫殿都被烧毁了，官员们没有办公的地方，甚至连吃的都没有，尚书郎以下的官员都得亲自去找吃的。很多官员被活活饿死，有的则被乱军杀害。你说，这还像个朝廷吗？我还算一个皇帝吗？那时候，中原地区的袁绍和曹操正进行你死我活的争斗，孙策占据了江东，刘表抢占了荆州（治所在今湖南汉寿县，刘表移治襄阳、刘备移治公安、孙权移治江陵），刘璋割据益州（治所在今四川广汉北），韩遂、马腾占了凉州（治所在今甘肃张家川），公孙度盘踞辽东，国家四分五裂，在那些军阀眼里，哪里还有朝廷？在这种情况下，曹操抢先进驻洛阳，后来又将我劫持到许昌，这就是人们所说的"挟天子以令诸侯"。

问：曹操"挟天子以令诸侯"，那些诸侯听他的话吗？

答：说实话，曹操"挟天子"是真，"令诸侯"是假。那些诸侯手里都有各自的军队，在天下大乱的情况下，谁听谁的？谁厉害谁就是霸主。当时，曹操的实力还不算强，所以那些诸侯根本不听他的，他只不过是空背着那个名头罢了。

问：众所周知，你被曹操控制之后，你想依靠董承和刘备除掉曹操，但为什么没有成功？

答：刘备害怕被曹操加害，事先就跑了，实际上他没有做任何事情。除掉曹操的计划是董承和种辑、吴子兰、王服等人谋划的。为什么没有成功呢？都是因为那个"衣带诏"。现在我非常后悔，当初为什么要写那个"衣带诏"！当然，主要原因还是董承他们谋事不周，这么大的机密竟然泄露，他们也都丢了性命，实在令人遗憾。

问：曹操不仅杀了董承他们，而且还杀了董贵人，你难道连自己的女人都不能保护吗？

答：董卓、李傕、郭汜，包括曹操，任何一个人要杀我，我都死一百回了。他们为什么不杀我？就是因为我有利用价值。我的性命掌握在曹操手里，我虽然还活着，实际上我已经死了。董贵人被杀的时候，我对曹操说，董贵人身怀有孕，不能杀，但曹操不听。你想想，我连自己的性命都不保，还能保谁？

问：后来伏皇后被杀，你同样没有保住，这是为什么？

答：曹操做人的原则就是顺我者昌、逆我者亡，谁要跟他作对，他绝不手软。董贵人死后，伏皇后非常害怕，担心自己有一天也会被曹操杀掉，所以她就写信给她爸爸伏完，要伏完除掉曹操。但是，我的那位老丈人胆子比较小，不敢动手，后来也病死了。多年以后，这件事被曹操得知，曹操就要杀伏皇后。我极力反对，但无济于事。曹操不仅杀了伏皇后，连我的两个儿子也杀了。

问：你害怕曹操吗？

答：不怕！我早已将生死置之度外，任杀任刮由他。有一次，我不客气地对曹操说，你要是真心辅佐我，那么你就要好好待我；不然，你就踢开我自己做皇帝。当时曹操吓坏了，吓得汗流浃背，找个借口赶紧溜了。以后，他再也不敢亲自见我。

问：你如何评价曹操？

答：怎么说呢？曹操确实是个了不起的人，很有本事，如果要我评价的话，他就是一个乱世枭雄。

问：人们都说他是奸臣，你同意吗？

答：不同意。奸臣是什么？奸臣首先是臣子，因其奸，所以叫奸臣。但曹操既不承认我是皇帝，也不承认他是臣子，所以他不是奸臣，他就是一个乱世枭雄。

问：可他至死也没有做皇帝。

答：他不是皇帝，胜似皇帝。

刘备是个伪君子

问：刘备是你的皇叔，他一生致力于恢复汉室，你觉得是这样吗？

答：我不这样认为。俗话说，人出五服，形同陌路。刘备是汉景帝之子中山靖王刘胜的后代，到了刘备这一代，离皇家的根脉已经很远了，就像一棵大树的树梢，离树根太远。他和我的关系，实际上八竿子也打不着。

问：他一直自称皇叔，是想跟你套近乎吗？

答：不是。很简单，他自认为是皇叔，只不过想为自己捞一点政治资本罢了。当时许多人都打着恢复汉室的旗号，但没有一个人真正为汉室着想，都在为自己争夺地盘。从这一点来讲，刘备和袁绍、曹操、孙权、袁术、刘表、刘璋等人没什么区别。因为刘备的先祖是皇族，所以他会这么做。换了袁绍、曹操、刘表等人，都会这么做的，傻瓜才不会利用这点关系。

问：既然是这样，那你当初还授他“衣带诏”？

答：当时，我能够依靠的人确实没几个，刘备有这个愿望，所以我授给了他“衣带诏”，但他什么也没做就跑了。

问：你是说刘备口是心非，一开始就不是真心为汉室着想？

答：可以这么说。王允和董承等人是真心为我着想的，他们都为我而死。可刘备为了活命，扔下我跑了，这能说他是真心吗？

问：为你死就是真心，不为你死就不是真心，你这样认为是不是有些片面了？

答：不是，我没有下过这样的结论。

问：那你凭什么说人家刘备是虚情假意？

答：刘备一开始确实是自身难保，即使他想真心为我效力，他也没有那个实力，这一点我并不怪他。但是，他在荆州站稳脚跟之后，不思率部北上，而是与孙权、曹操打打杀杀，互相争夺地盘，这能说是真心为我着想吗？再说，刘备占领成都后，实力大增，自称汉中王。为了避嫌，他先是让手下人联名给我上表，说明缘由。接着，他又给我上表，说他当汉中王是手下人逼的，自己并不情愿。你都当汉中王了，说这些话有什么用？哄三岁小孩吗？我并不是怪他称王，实际上我也管不了。谁有实力，谁就可以称王，甚至可以称天子。袁术不是自称过天子吗，谁管得了？问题是，刘备你称王就称王吧，但不要那么虚伪，得了便宜还卖乖，这让我很生气。更让人气愤的是，我禅位之后不久，刘备也在成都称帝了。你说说，这叫忠于汉室吗？这纯粹是挂着羊头卖狗肉嘛！

问：刘备是在听说你被曹丕害死之后才当皇帝的，你这样说是不是冤枉刘备了？

答：托词，纯粹是托词！我虽然只是个名义上的皇帝，但在全国来说也是一个备受关注的公众人物，我的生死岂能造假？不要说曹丕没有杀我，就是真的杀了我，他也要设法封锁消息，尽量不让天下人知道。刘备想当皇帝，是他一生的追求，他说我被曹丕害死，只是找一个借口罢了。曹操至死都不敢称帝，我还活着，刘备就称帝了，你说这是忠于汉室？

问：照你这么说，刘备还不如曹操？

答：前面我已经说过，曹操是乱世枭雄，刘备其实也一样，没什么不同。但从做人的角度讲，曹操不那么虚伪，而刘备呢？不客气地说，他就是一个伪君子。他心里想的和嘴上说的往往不一致，这种人最容易迷惑大家。他打着恢复汉室的旗号，干的却是另一件事情。他骨子里早就想当皇帝了，但嘴上却口口声声说不能做大逆不道的事。他准备当皇帝的时候，他手下有一个叫费诗的人说了几句不中听的话，他就把人家贬了，这不是伪君子是啥？曹操跟他不一样，曹操心里怎么想，嘴上就怎么说，不像他那么虚伪。

问：顺便问一下，你觉得孙权怎么样？

答：孙权和曹操、刘备一样，都是乱世枭雄。在这三个人中间，他年龄最小，但这个人知人善任，很会用人，这是他的长处，也是他成就霸业的主要原因。江东的人才很多，孙权能最大限度地利用人才，所以成就了一番霸业。

问：在用人方面，你觉得三个人谁做得最好？

答：用人是一种艺术，没有一个固定的格式，三个人各有各的用法，不能说谁做得最好，他们都会用人。

禅位不失为一种明智之举

问：曹操死后，他的儿子曹丕逼你让位，当时你是怎么想的？

答：我早就说过，我爸爸汉灵帝死后，东汉王朝实际上已经灭亡了，我只是名义上的皇帝而已。所以，让位不让位，不是实质问题，而是形式问题。说实话，曹操活着的时候，我就想让位了，我当一个空头皇帝有什么意思？与其这样任人摆布，还不如趁早让位。但曹操不愿意，他不敢当皇帝。曹丕跟他爸爸不一样，曹丕敢当皇帝，所以我同意让位。

问：你真的愿意，还是别无选择？

答：说实话，我当时的心理是矛盾的。不让位吧，东汉王朝实际上已经名存实亡了，就如同一个死人，你总在那儿供着也不行，别人看了不舒服，为什么不让他入土为安呢？让位吧，我又觉得对不起祖宗。后来经过反复的思想斗争，我终于决定让位。

问：是什么原因使你最终决定让位的？

答：东汉末年，军阀混战，民不聊生，受害最深的是老百姓。那些军阀们为什么要打仗？就是为了争夺帝位。我想，如果有一个贤明的皇帝代替我，也许能够平息战乱。这样，社会就可以稳定，老百姓就可以安心生活。再说，我没有当皇帝的能力，不能给百姓带来幸福，为什么还要赖着那个座位呢？所以我觉得，让位不失为一种明智之举，因为这符合历史潮流。

问：如果你坚决不让位，他们会把你怎样？

答：这还用说吗，死路一条。

问：你怕死吗？

答：不怕。人的生死不是由你自己决定的，有时候你贪生，但不一定能保住性命；有时候你想死，但不一定能死成。尤其是像我这样的人，生死都掌握在别人手里，怕死有什么用？

问：你觉得曹丕是个贤明的皇帝吗？

答：从能力和各方面讲，曹丕远远比不上他的爸爸曹操，但他当了皇帝以后却没有杀我。

问：曹丕为什么没有杀你？

答：这得去问曹丕。他究竟是怎么想的，只有他自己知道。

问：你的意思是说，曹丕这个人还不错？

答：不是。我让位之后还能平安地活着，主要得感谢曹皇后。没有她，我肯定不能善终。

问：你是说曹操的女儿曹节？

答：是的。曹皇后是个不简单的女人，我让位的时候，她敢于站出来反对，她是坚决站在我这一边的，曹丕那帮人也不敢对她怎么样。

问：因为她是曹操的女儿吗？

答：是的，她的身份特殊，是她救了我。

问：你对自己的人生有何感想？

答：人要有自知之明，要清楚自己适合干什么，不适合干什么；应该干什么，不应该干什么。有了自知之明，才会选择正确的人生道路，才会活得幸福。

第二章

刘备：假到真时真亦假

伪装也是一种策略

问：人们对你的一生有很多评价，可以说是褒贬不一。今天采访你，想得到一些真实情况，你愿意谈吗？

答：行行行，我保证把真实的情况都告诉你，省得人们说三道四。

问：当年你随军剿灭黄巾军，受重伤装死，躲过了一劫，你怎么想到要装死？

答：那一次不是跟黄巾军作战，而是跟张纯的叛军作战。张纯时任中山相，是东汉的官员。黄巾起义爆发后，天下大乱，许多怀有野心的人纷纷背叛了朝廷。凉州的边章、韩遂反叛后，车骑将军张温率部征讨。当时张纯自动请缨，要担任将军，但遭到张温的拒绝。张纯以此为由，勾结太山太守张举反叛。于是，朝廷派青州兵前去征讨。青州兵路过平原的时候，我正在平原，经别人推荐，我加入了青州兵，一同去讨伐张纯。我们突然在旷野上与叛军相遇，双方展开激战。结果，青州兵大败，死伤无数，我也受了重伤。当时要逃出去简直不可能了，怎么办？干脆装死吧，没有别的办法。于是，我爬在死人堆里不敢动弹，一直等到战斗结束，这才捡回一条性命。那一次要不是装死，我真的就死了。

问：是不是从那一次开始，你就学会伪装自己了？

答：从那一次的经历我得出一个结论，伪装也是一种策略。因为战场上没有规则，不是你死就是我活，我装死反而得活。如果我不装死，那我真的就死了。

问：你担任平原相后，有人要刺杀你，你却善待刺客，最后感动了对方，又躲过一劫，当时你真的不知道对方就是刺客吗？

答：中郎将公孙瓒是我的老同学，我实在混不下去，就跟了公孙瓒。公孙瓒任命我为别部司马，让我同青州刺史田楷一同去抵御冀州牧袁绍。因为跟着田楷作战有功，公孙瓒让我当了平原相。当地有个人叫刘平，一向瞧不起我，听说我当了平原相，很不服气，就派人来杀我。

刺客出现在我面前，我一开始就知道了，但只是装作不知道而已。你想想，刺客突然出现在你眼前，你想逃，逃不掉，想抵抗，但不是人家的对手。你要捅破那层窗户纸，只有死路一条。所以，我当时急中生智，故作镇静，把刺客当作不速之客，好酒好肉，盛情款待。结果，那个刺客被我感动了，把事情的真相告诉了我，说有个叫刘平的人嫉妒我当了平原相，所以派他来行刺。刺客走了以后，我非常后怕，吓得出了一身冷汗。要不是我装糊涂，我肯定被那家伙杀了。所以，装糊涂的人并不糊涂，耍小聪明的人那才叫真糊涂。

问：徐州牧陶谦临死的时候，执意将徐州让给你，你却不肯接受，你是真的不愿意接受呢，还是谦虚一下？

答：当时，各地军阀都在争夺地盘，而我却总是寄人篱下，没有自己的立足之地。在那种情况下，谁不想有个属于自己的地盘啊！陶谦得罪了曹操，曹操攻打徐州，陶谦派人向青州刺史田楷求救。田楷接到求救信，就与我到徐州解围。到达徐州后，陶谦对我很不错，给了我四千兵马，并申请让我担任豫州刺史，率部屯驻小沛。人家陶谦对我很够意思，我也不能不懂事。这样，我觉得跟着陶谦混比跟着公孙瓒强，所以就跟老同学拜拜，跟着陶谦混了。不久，陶谦病重，他派徐州别驾糜竺请我到徐州主政，我拒绝了。徐州不是我的地盘，我怎么敢轻易接受？如果我接受了，我就会背上不仁不义的坏名声，那实在是得不偿失的。

问：你内心还是想得到徐州的，是吗？

答：实话跟你说吧，我早就想得到徐州了。你想想，送到嘴边的肥肉，傻瓜才会拒绝。但是，我既要得到徐州，又不能背上不仁不义的骂名，所以要谦让一下。

问：你一再谦让，难道就不怕失掉这个机会吗？

答：当时我已经分析了形势，实力很强的几个军阀都在互相争斗，根本顾不上徐州，所以徐州非我莫属。后来，糜竺、陈登、孔融等人再三相劝，就连袁绍也同意让我接手徐州。我看火候差不多了，立即就答应了。

问：后来徐州还是丢了，为什么？

答：轻易得到的东西也会轻易失掉，事情就是这样。

问：曹操说天下只有你和他是英雄，你为什么惊得掉了筷子？

答：当时我被吕布打败后，不得已投奔了曹操。说实话，曹操对我还不错，帮助我夺回了家属，还让我担任了左将军。如果待在曹操身边做事，我可以过上不错的日子，但我不是甘心居于人下的人，我有我的想法。虽然我装得很无能、很无奈的样子，但曹操看出来了，所以说了那样的话。当时我非常害怕，不知怎么就把手中的筷子掉了。正好，那时天空响了一个惊雷，所以当曹操问我为什么会掉了筷子时，我说是被惊雷震掉的，这样就把曹操糊弄过去了。

问：你觉得曹操真的相信你的话吗？

答：嘿嘿，我觉得够呛，但曹操没有揭穿我的假象。

问：既然不相信，那曹操为什么没有杀你？

答：曹操非常爱惜人才，他觉得我会为他服务，所以没有杀我。

问：吕布虽然夺走了徐州，俘获了你的家属，可他并没有加害他们。后来，袁术攻打你，吕布“辕门射戟”，替你解了围，说明吕布对你还是有恩的。但吕布被曹操擒获后，你不仅不替吕布求情，反而劝曹操杀掉他，你就不怕担上不仁不义的骂名吗？

答：吕布这个人人品太差，名声太臭，天下人都知道。对这样的人是不能讲仁义的。

问：你在许昌的时候，汉献帝授你和董承“衣带诏”，共谋曹操，可你却跑了，这是为什么？

答：不跑不行。不跑的话，我就被曹操杀了。

问：你口口声声说要恢复汉室，剿灭曹贼，可为了保住性命，你却跑了，这不是口是心非吗？

答：嘿嘿，我正要解释这件事呢。不错，我对天下人喊出的口号就是要恢复汉室，剿灭曹贼。但是，如果我死了，这个目标如何实现？所以，当时还是保命要紧，只有保住自己的性命，才能实现我的理想。

问：你跟曹操翻脸后，又投奔了袁绍。袁绍对你很不错，你却要背叛他，这是为什么？

答：天下人都知道我是个仁义之人，袁绍也这么认为，所以收留了我。我投奔任何人都是权宜之计，我离开袁绍是迟早的事，迟离开不如早离开。

问：也就是说，天下人都被你忽悠了？

答：他们都认为我是仁义之人，我有什么办法？这使我想起了一句很流行的话，假到真时真亦假。一个人在社会上留下什么样的名声，这非常关键。你的名声一旦在公众中形成思维定式，那是很难改变的。比如，一个给人印象很老实的人，偶尔撒一次谎，你认为他不是在撒谎，你依然相信他的话是真的；相反，一个爱说假话的人，有时候即使说了真话，别人也不会相信。所以，爱说假话的人并不可怕，可怕的是那些表面上很老实的人，有时候卖了你还得替人家数钱，这是最可怕的。

荆州其实是骗来的

问：你开始创业的时候，总是一败再败，无处藏身，后来得到荆州，成为你一生的转折点。请问，你是如何得到荆州的？

答：你说得不错。我一开始实际上是个流浪汉，成天东奔西躲，寄人篱下，看人家的脸色行事，还总怕丢了性命，那段岁月可以用四个字形容，就是颠沛流离，总是不停地跑路。如果当时有马拉松比赛，我肯定是冠军。

问：你还没有回答我的问题。

答：你是说荆州吧，实话告诉你吧，荆州是我一手骗来的。

问：此话怎讲？

答：荆州是个非常重要的战略要地，我和曹操、孙权都想得到荆州。当时，荆州的一把手是刘表，治所在襄阳。刘表也是大汉皇室的后代，他占据荆州二十年，有一定的实力。当我离开袁绍投奔他的时候，他收留了我，让我住在新野。一开始，刘表确实对我不错，渐渐地，他害怕我侵占他的地盘，所以就有了戒心。建安十二年（公元207年），曹操率大军北征乌桓，许昌空虚。我劝刘表奇袭许昌，刘表不听。等到曹操南下要攻打荆州的时候，刘表后悔了，后悔当初不听我的建议，但后悔有什么用？很好的一个机会白白错过了。刘表是一个好人，但缺乏战略眼光，不善于抢抓机遇，这是他的弱点。当然，曹操的大兵还没有到，刘表就病死了，他让次子刘琮接替了他的职位。

问：刘表临终前不是让你做荆州之主吗？

答：不错。刘表对我说，他的两个儿子都不行，荆州迟早会丢，不如让我掌管荆州，可我没有答应。

问：你为什么不答应？你不是早就想得到荆州吗？

答：是的，我是想早早得到荆州，就连做梦都想。可我不能乘人之危吧，人家有两个儿子，我怎么好意思抢人家的地盘？再说，刘表并不是真心想将荆州让给我，他是怕我将来从他儿子刘琮手里夺走荆州，所以来试探我的。

问：你还是怕背上不仁不义的骂名？

答：我嘴上是这么说的，可我心里不是这么想的。既然刘表忽悠我，我为什么不能忽悠他一下？我当时想，曹操马上就要发兵攻打荆州了，即使我掌管了荆州，也不是曹操的对手，荆州肯定守不住。打一个比方，有人给你一件很值钱的东西，可你明明知道这件东西马上就会落入另一个人之手，你还会要吗？所以，与其让荆州丢在我手里，还不如让刘琮去背这个骂名。这就是我拒绝刘表的真实想法。

问：你不仅把刘表父子忽悠了，又把天下人忽悠了，是吗？

答：嘿嘿，可以这么说。赔钱的买卖，咱死活不干。

问：曹操的大军杀来，你一路南逃，连家属也不管了，你这样对得起你的家属吗？

答：我确实愧对我的家属，但没办法，保命要紧，所以我还得继续跑路。

问：你多次扔下你的家属不管，只顾自己逃命，但天下人都认为你是一个大仁大义之人，这是为什么？

答：嘿嘿，人的思维定式是很可怕的。他们这样认为，我有什么办法？

问：在逃往江陵的路上，你带着十几万百姓，每天才行军十几里地，后面有曹操的铁骑追赶，形势十分严峻。当时，大家都劝你丢下百姓速逃，你却死活不肯。你的做法实在令人费解，你忍心不管自己的家属，却不忍心丢下百姓不管，这是为什么？

答：其实你们都想错了，我并非不忍心丢下百姓。你想想，我连自己的老婆儿子都忍心丢下，怎么能不忍心丢下百姓？当时，曹操的精锐铁骑追得很急，而我的兵马又很少，即使你拼命逃跑，也跑不过曹操的精锐骑兵。所以，我让十几万百姓跟随，虽然行军的速度慢了很多，但毕竟人多，秩序又混乱，我正好可以夹杂在百姓中间，不至于明显地暴露我的目标。万一曹军的精锐骑兵追杀过来，我说不定还可以像当年一样，爬在死人堆里装死。

问：据说赵云舍命救出幼主刘禅后，你却把他扔到地上，有这回事吗？

答：嘿嘿，瞎说，根本没有的事，那是罗贯中后来编的。换成你，你舍得把自己的儿子扔到地上吗？

问：那倒不会。咱还是说荆州吧，你究竟是怎么将荆州骗到手的？

答：我们一路跑到夏口，在刘表长子刘琦的帮助下，总算暂时安定下来。为了保存实力，我决定与江东的孙权联手，共拒曹操，孙权也答应了，这就有了后来的赤壁大战。赤壁大战结束之后，曹操退回北方，我和孙权共享胜利果实，但孙权只给了我很小的一个地盘。我说，你们也太小气了，我这么多人也容纳不下，何不把荆州先借给我，等我将来拿下西川，就将荆州还给你们。当时，孙权和周瑜为了巩固孙刘联盟，他们就答应了。这样，我顺利占据了荆州的几个郡，我把办公的地点移到了公安。当然，名义上的荆州之主是刘琦，但刘琦很快就病死了，我是荆州的实际拥有者和控制者。

问：孙权为了要回荆州，将他的妹妹许配给你，你为什么不把荆州还给人家？

答：你骗了别人的钱，别人让你把钱还给他，你愿意吗？

问：你这不是耍赖吗？

答：这不是耍赖，我说过，等我拿下西川之后，就把荆州还给他们。

问：孙权要帮助你夺取西川，你为什么不答应？

答：孙权的鬼点子很多，他是想利用这个机会顺手牵羊，夺回荆州不说，还要将我吃掉，我能上他的当？！

问：后来你夺了西川，也没有履行自己的诺言，你这不是失信于天下吗？

答：占领西川后，孙权要我归还荆州，我说等我拿下凉州，一定将荆州奉还，孙权一时也没办法。

问：你又在耍赖？

答：是的，我为此付出了惨重代价。因为我不守信用，关羽被杀了，荆州也丢了。关羽被杀后，我倾全国之兵为关羽报仇，结果败得更惨。所以，诚信是做人的根本，没有诚信，终究要吃大亏。

帮刘璋征讨张鲁是假 谋取西川是真

问：益州牧刘璋听说曹操要攻打汉中的张鲁，他就请你入川，要你帮助他讨伐张鲁，刘璋怎么会做出如此荒唐的决定？

答：张鲁与刘璋有杀母之仇，因为刘璋当年杀了张鲁的母亲和弟，所以二人势不两立。张鲁盘踞汉中，虽然对刘璋构成一定威胁，但无形中也成为西川的一道屏障。曹操要想取得西川，首先必须吃掉张鲁。刘璋一听说曹操要攻打张鲁，吓得不得了。他既希望曹操灭掉张鲁，但又不希望曹操灭掉张鲁，所以他的内心是非常矛盾的。

问：什么意思？

答：刘璋希望曹操灭掉张鲁，是因为张鲁是他的仇敌；同时，他不希望曹操灭掉张鲁，是因为汉中是西川的屏障。一旦汉中丢失，西川就直接暴露在曹操眼皮底下，西川也就危险了。

俗话说，不怕没好事，就怕没好人。刘璋手下有两个吃里爬外的小人，一个叫张松，一个叫法正。张松对刘璋说，曹操无敌于天下，张鲁肯定不是曹操的对手，如果曹操吃掉张鲁，西川就不保了。刘璋问他怎么办，张松就推荐让我入川，然后替他们攻打张鲁，夺取汉中，以此来保卫西川。

问：刘璋不知道这是引狼入室吗？

答：嘿嘿，你说得也太露骨了。这不叫引狼入室，这叫引刘入室。刘璋是个没主见的人，他要是能看清事情的后果，那就不会听张松的话了。

问：张松为什么要出卖自己的主人？

答：张松是个很有才能的人，但他没有遇到一个好的主人，这使他心里很郁闷。他打心里是瞧不起刘璋的，觉得刘璋成不了大器。张鲁盘踞汉中，也想吃掉刘璋，所以张松给刘璋出主意，想请曹操帮忙攻打张鲁。张松亲自去见曹操，一来为公，一来为私。他看准刘璋和张鲁迟早都会完蛋，所以想借此机会讨好一下曹操，给自己留一条后路。没想到，曹操不买他的账，根本瞧不起他，给了他一条冷板凳。张松在曹操那儿碰了一鼻子灰，这才来巴结我。

问：俗话说，忠臣不事二主。刘璋即使再无能，你张松也不能这样做啊！

答：没错。所以说张松不是一个正人君子，而是一个小人。

问：据我所知，曹操和孙权是从来不重用小人的，你为什么要重用小人？

答：嘿嘿，他们不用，不等于我不用。谁对我有用，我就用谁，管他小人不小人的。

问：难道刘璋手下的人都同意让你入川吗？

答：不是。刘璋手下的主簿黄权就提出了反对意见，但刘璋不听。他不但不听黄权的意见，而且把黄权还贬出了成都。刘璋手下还有一个叫王累的人，比黄权反对得更厉害。为了让刘璋改变决定，这个叫王累的人竟然把自己倒挂在城门上，实际上是以死劝谏。可惜，刘璋还是不听。还有一个叫刘巴的人，也多次劝刘璋不要让我入川，刘璋依然不听，最后派法正来请我入川。

问：法正为什么要帮你？

答：法正也是个不得志的人，他多年在刘璋手下工作，始终得不到重用，心里恨透刘璋了。他与张松是好哥们儿，俩人早就串通好了，找机会要卖主求荣。当然，法正的心比张松更黑。张松只是让我入川去攻打张鲁，而法正却劝我趁机灭掉刘璋，夺取西川。法正不仅给我带来若干财物，而且还带来了西川的军事地图。这两个小子，真是太坏了。

问：张松和法正都是小人，你就不怕被他们忽悠吗？

答：我是三国时期的大忽悠，只有我去忽悠别人，别人能忽悠了我？再说，小人的话有时候还是可信的，君子的话却不一定都是真的。于是，我毫不犹豫地留诸葛亮、关羽等人镇守荆州，然后带着谋士庞统和数万军队，浩浩荡荡向西川进军了。

问：刘璋确实对你不错，亲自到涪城与你见面，并资助你若干军用物资。但张松、法正和你的军师庞统都劝你利用这个机会刺杀刘璋，然后夺取西川，你当时为什么没有答应？

答：当时，我们刚进入西川，没有任何群众基础，如果此时杀掉刘璋，西川的老百姓肯定不答应，他们一定会团结起来跟我们对着干。没有老百姓的支持，即使我们夺取了西川，也不会在那儿立足。所以，我当时不主张立即除掉刘璋，要等待时机。

问：可你说刘璋与你同是大汉皇室的后代，也算是同宗，你不忍心杀他，害怕担上不仁不义的骂名，你难道又是在忽悠大家吗？

答：算你说对了。我嘴上是那么说的，可心里不是那么想的。什么同宗不同宗的，扯得太远了。在争夺地盘上，我的手段一点儿也不比曹操和孙权差。他们纯粹靠的是武力，而我往往靠的是嘴皮子，然后才是武力。

问：你答应帮助人家攻打张鲁，可你入川后并没有打张鲁，而是收买人心，扩充实力，刘璋难道没有看出你的野心吗？

答：说实话，刘璋确实是个草包，他要能看出我的野心，当初就不会引我入川了。但他的手下不都是草包，有人看出了我的野心，多次向刘璋提出建议，但刘璋不听。他只相信我。

问：你一心想夺取西川，但又怕背上不仁不义的骂名，后来你是以什么理由攻打刘璋的？

答：我率部驻扎在葭萌，按兵不动，并没有跟张鲁动手。我是来夺取西川的，不是来做刘璋炮灰的，但要攻打刘璋确实没有正当理由。后来，我编了个谎言，说曹操攻打孙权，孙权请我回去救援，我得回荆州了。刘璋说，我把你请来打张鲁，供你吃供你喝，你还没打就要走，你太不够意思了吧？我说，孙权现在有难，我不去帮他，那才不够意思呢。刘璋说万一张鲁起兵怎么办？我说，张鲁不敢出兵，你就放心吧。刘璋是个老实人，我这样一说，他就相信了。

问：后来呢？

答：接着，我提出让刘璋给我几万军队以及所需军用物资的要求，我说要把这些军队和物资带回荆州，帮助孙权去打曹操。这时候刘璋不干了，你要带走人家的军队，人家肯定不干，换三岁小孩也不会干的。当然，刘璋也不想与我翻脸，他象征性地答应给我四千人马，其余军用物资一律减半。这一下，轮到我不干了，老子帮你来攻打张鲁，你却舍不得那点军队和物资，你刘璋也太小气了吧！

问：这就是你攻打刘璋的理由？

答：不是。紧接着发生的一件事，使我和刘璋彻底翻脸了。

问：什么事？

答：张松以为我真的要回荆州，急了，写信劝我不要走，但信还没有送出，却被他哥哥张肃发现了。张肃见弟弟张松吃里爬外，非常生气，同时他又怕事情败露殃及自己，于是向刘璋告了密。刘璋一听，大怒，就把张松给砍了。至此，刘璋彻底看清了我入川的真实意图，于是就跟我翻脸了。

问：张松是为你而死的，你不觉得对人家有愧吗？

答：张松还是嫩了点，他不知道我是在故意找碴儿，以为我真的要走。俗话说，请神容易送神难，我来西川是干大事的，怎么能空手而归呢？

问：人家刘璋一直对你深信不疑，你却这样对待人家，你是不是太不仗义了？

答：我巴不得刘璋跟我翻脸呢，要是不翻脸，事情就不好办了。早翻脸，我就可以早动手。

问：夺取涪城后，你跟庞统都喝醉了，你总算说了句真话，你还记得吗？

答：记得。夺取涪城后，我们在一起庆祝胜利，很多人都喝醉了，包括我和庞统。我对庞统说，今天在这里喝酒，真是太高兴了。庞统说，咱们攻打人家的地盘，本来是不道德的，可咱们还这样高兴，咱们的军队可不是仁义之师啊！我听了庞统的话，非常生气，于是就把他骂出去了。

问：你为什么要生气，难道庞统说得不对吗？

答：有些事情是不能说透的，心里知道就行了。庞统酒后说了实话，所以我生气了。

问：你不是也说了实话吗？

答：是啊，都是酒精惹的祸，要不是喝醉了酒，我也不会说实话。事后，我非常后悔，问庞统说，那一天咱们俩谁说了错话？庞统说，你我二人都说了错话。实际上，我们都没说错，我们说的都是实话。酒后吐真言嘛。

问：刘璋为什么要投降？他没有力量保卫成都吗？

答：当时，成都城内还有精兵三万，粮草足够支撑一年，刘璋的部下都要求死守成都，决不投降。但刘璋为了不使成都的百姓受苦，还是选择了投降。说实话，刘璋是个不错的人，我真有些对不起他。

问：你口口声声说忠于汉室，可你占领成都后，自领益州牧，并任命了许多将军和地方官，你怎样解释这件事？

答：……咱能不能换个话题？

问：你是不想回答这个问题，还是无法回答这个问题？

答：我拒绝回答这个问题。

问：好，我再问你，你夺取汉中后，先斩后奏，自称汉中王，这种做法跟曹操有什么区别？

答：……大家都劝我称王，我没法拒绝。

问：这是你的真心话吗？

答：罢罢罢，实话跟你说吧，曹操自称魏王，我自称汉中王，我跟曹操确实没什么区别，在我们眼里早就没有皇帝了。

问：你一直打着恢复汉室的旗号，口口声声说是大汉的臣子，但曹丕篡位称帝后，你也在成都称帝，你这不是自相矛盾吗？

答：你的这些问题太尖锐了，把我的老底都揭穿了。老实说，我一开始是想为恢复汉室而奋斗的，可后来社会发生了剧变，把人心都搞乱了，人的价值取向也随着社会的剧变而发生了剧变，人的道德水平严重滑坡，心灵完全扭曲，哪里还有忠诚可言？比如，一群强盗正在争抢一堆无人看管的金银财宝，谁抢到就是谁的，抢了以后还不用担任何责任。遇到这种情况，你会不会动心？所以，人的忠诚是受一定的社会环境制约的，好的社会环境，能使坏人变成好人；相反，一个恶劣的社会环境，却能把好人变成坏人。事实就是这样。

问：谢谢你的坦诚。

答：不客气。你的问题太厉害了，把我逼得无路可走，我只能实话实说。

与诸葛亮并非鱼水关系

问：你之所以能够成就一番霸业，与诸葛亮的辅佐是密不可分的。你说你与诸葛亮的关系是鱼水关系，这是真的吗？

答：嘿嘿，不是这样。鱼儿确实离不开水，鱼是靠水而生存的，难道没有诸葛亮我就不生存了？

问：那是什么关系？

答：这不是明摆着嘛，就是君臣关系。

问：你对诸葛亮几乎达到言听计从的地步，引起关羽、张飞的嫉妒，于是你对二人说孤之有孔明，犹鱼之有水也。怎么现在又不承认了？

答：诸葛亮确实有本事，如果他没有本事，我会三请诸葛亮吗？当然，凡是有点本事的人，都自命清高，总希望得到别人的认可，诸葛亮也是这样。他虽然满腹经纶，才华横溢，但毕竟是个知识分子，知识分子都喜欢戴个高帽，我之所以说那样的话，一来是安慰一下关羽和张飞，更主要的是给诸葛亮戴个高帽，让他死心塌地地为我效劳。

问：你在得到诸葛亮以前，总吃败仗，甚至连立脚的地方都没有。可自从得到诸葛亮之后，你的事业蒸蒸日上，最后三分天下有其一，你难道不承认诸葛亮的作用吗？

答：不是不承认，是非常承认。如果没有诸葛亮，我不会成就一番霸业，这就是人才的重要性。但不能因为他有辅佐之功，就说我们之间是鱼水关系，我们之间就是君臣关系，没有别的。不过，我遇到诸葛亮，是我一生的幸运；诸葛亮遇到我，是他一生的不幸。

问：此话怎讲？

答：我得到诸葛亮，成就了一番霸业；诸葛亮遇到我，最后为我们老刘家活活累死了，这难道不是他的不幸吗？

问：诸葛亮的威信很高，你担心他会超过你的威信吗？

答：不会。我是君，他是臣，官大一级压死人。他的威信再高，也不会压过我。不过，诸葛亮懂得君臣之道，他的分寸把握得非常好，没有让我产生功高盖主的感觉，这是他的高明之处。

问：你一直对诸葛亮言听计从，但你当了皇帝后就不那么听诸葛亮的话了，特别是你执意要出兵伐吴，为关羽报仇，诸葛亮和赵云等人苦劝，你就是不听，你当时是怎么想的？

答：其实，出兵伐吴，我有三点考虑。

第一，关羽是为我而死的，这个仇非报不可。因为天下人都知道，我与关羽、张飞亲如兄弟，关系很铁，如果我不为关羽报仇，天下人会怎么评价我？天下人一定会说，他们的关系也不过如此。你看看，弟弟被东吴人杀了，当哥哥的竟然无动于衷，照样当他的皇帝，看来世间的一切东西都是假的，什么亲如兄弟，狗屁！所以，我出兵伐吴，就是要堵住天下人的嘴，不让他们说三道四，毁了我的名声。

第二，就是要显示一下皇帝的权威。你不是说我对诸葛亮一直言听计从吗，我身边的人也都这么认为。大家都认为我离了诸葛亮不行，好像我被诸葛亮主宰了，但我不信这个邪，我现在就要改变大家的这一认识，因为我现在是皇帝，不是从前的刘备了。皇帝是什么？皇帝就要说一不二，金口玉言，一言九鼎，怎么能让别人主宰？所以，不管诸葛亮也好，还是赵云他们，说什么也没用，出兵伐吴的计划是不能改变的。当时我确实有些冲动，所以说冲动是魔鬼。

第三，也是最主要的一点，就是要利用给关羽报仇的机会，灭掉东吴，扩大我的地盘。东吴跟我的关系时好时坏，为了一个荆州，经常找我的麻烦，简直让我烦透了。我多年之所以没有跟东吴翻脸，是因为西川的局势还没有稳定，我的兵力也不足以跟他们抗衡。西川和汉中平定后，我已经有资本跟东吴较量了，可惜找不到翻脸的借口。正好，他们杀了关羽，夺走了荆州，这就为我出兵东吴提供了理由。我想，借这个机会一举吃掉东吴，半个中国就属于我了。到那时，我的力量就更大了，就可以集中力量进行北伐，消灭曹魏政权，统一全国。

问：你的算盘确实打得不错，但结果是你失败了，而且败得很惨，你总结过失败的原因吗？

答：总结过。我觉得不管是当皇帝也好，还是当一般人也好，都要善于听取别人的意见，尤其是那些好的意见，更要虚心接受。刚愎自用，一意孤行，最终是要吃大亏的。

问：你临终前对诸葛亮说，如果刘禅是个当皇帝的材料，就让诸葛亮辅佐他；如果刘禅不是当皇帝的材料，就让诸葛亮取代刘禅，这是你的真心话吗？

答：嘿嘿，不是，那是故意给诸葛亮说的。知子莫如父，我心里非常明白，刘禅根本不是当皇帝的材料，而诸葛亮是一人之下万人之上的实力派人物，一旦我闭了眼，诸葛亮完全不费吹灰之力就可以取代刘禅。虽然诸葛亮不是那样的小人，但我还是有疑虑的。我活着的时候，诸葛亮对我忠心不二，但谁敢保证在我死后，他还能像对待我一样对待刘禅呢？所以，我说了那样的话，就是想试探一下诸葛亮，让他表个态，这样我才放心。

问：也就是说，你对诸葛亮还是有戒心的？

答：如果说没有一点戒心，那是假话。君臣关系再好，能好过父子关系？谁愿意把自己打下的江山让给别人？

问：你为什么嘱咐你的儿子们要像对待父亲一样对待诸葛亮？

答：说到底，我还是对诸葛亮有些不放心。我要求儿子们把诸葛亮当作父亲来对待，就是要让诸葛亮死了那条心，永远不能篡位。不管他有没有篡位的野心，反正我不能不做最坏的打算。

问：事实上，人家诸葛亮根本没有那个心思，是你多心了。你这样对待人家，你愧不愧？

答：确实是我多心了。我以小人之心度君子之腹，我冤枉了诸葛亮。诸葛亮是个好同志。

问：你对诸葛亮有何评价？

答：刚才我已经说了，诸葛亮是个好同志。他为我们刘家做出了卓越贡献，这是有目共睹的，也是无可置疑的。历史已经对他作了公正的评价，我就不多说了。不过，有一点我还是想说一下。在老百姓心目中，他就是一个活神仙，好像什么也知道，能掐会算，前知五百年，后知五百载，其实这是不对的。诸葛亮也是人，是有血有肉的人，而不是什么神仙。是人就有缺点和错误，诸葛亮也一样，他也有缺点和错误。比如，他有时候显得自命清高，觉得自己百分之百的正确，别人的意见都不如他的好，所以有些好的意见他并没有采纳。

问：这其中也包括你的意见吗？

答：是的。比如，我在临终前对他说，马谡这个人言过其实，不可大用。可他不以为然，觉得马谡跟随他多年，是个难得的人才，还是一直重用他。结果呢，大家也都知道，街亭就是马谡丢失的。那是一次重大的军事损失。

问：除此之外，诸葛亮还有哪些缺点？

答：诸葛亮一生谨小慎微，从不干没有把握的事，这是他的优点，但同时又是他致命的弱点。任何东西都有个度，超过了这个度，优点就会变成缺点。如果一个人过于谨小慎微，办事情就会瞻前顾后，缩手缩脚，缺了一点冒险精神。要知道，人有时候是需要冒险的，尤其是干大事的人，更需要冒险精神。按部就班、循规蹈矩，是难以成就大事的。当然，诸葛亮的这些缺点是由他的性格造成的，性格决定命运嘛，我们不能责怪于他。我们每个人都有缺点，我也不例外。

问：你有什么缺点？

答：我的缺点很多。比如，我小时候就不爱读书，就喜欢那些华而不实的东西，致使我文化知识非常欠缺。对此，我非常后悔，如果小时候多读点书，我也许就不是现在的刘备了。其次，我的文韬武略远远比不上曹操，我的气度也比不上曹操。曹操能写出《短歌行》《观沧海》等那样气度恢宏的诗作，而我却不行。这不仅仅是文化水平高低的问题，是一个人综合素质的体现。人的气量有多大，舞台就有多大。

第三章

刘禅：男儿当自强

蜀国灭亡源于后继无人

问：前几天刚采访了你爸爸，今天又来采访你，想请你谈谈蜀国灭亡前后的一些情况，你愿意吗？

答：我爸爸都接受采访了，我有什么不愿意的，你随便问，我实话实说。

问：按说，蜀国地形复杂，易守难攻，怎么后来就被魏国给灭了？

答：你的这个问题比较复杂，一两句话说不清楚。一个国家的灭亡，不是一天两天造成的，是长时间造成的一个恶果。实际上，这个恶果最早是我爸爸亲手种下的。

问：怎么能怨你爸爸？

答：当年，我爸爸为了给关羽叔叔报仇，决计要与东吴交战。结果，蜀军大败，几乎全军覆灭。你想想，蜀国本来是个小国，军队的数量远远比不上魏国，经过这一仗，蜀国的军队人数锐减，国力消耗巨大，元气大伤。从那时起，已经奠定了蜀国灭亡的基础。

问：你说的倒是不假。夷陵一战，蜀国确实是元气大伤。可蜀国灭亡是在四十年之后啊，难道蜀国的元气一直没有恢复？

答：没有。一个人伤了元气之后，恐怕一辈子都难以恢复，何况一个国家？

问：俗话说，胜败乃兵家常事，当年曹操不是也在赤壁惨败吗，人家怎么就没有伤了元气？

答：曹操在赤壁惨败与我爸爸的夷陵大败不同。曹操虽然败得很惨，但他在北方的根基没有受到任何损失，他的根基还很牢靠。而我爸爸的大败就不同了，他的大败动摇了蜀国的根基，使蜀国的元气大伤。就像一座高楼，根基动摇之后，这就是一座危楼，遇到一点小的动荡就会坍塌。

问：你是说，蜀国早就是一座危楼了？

答：可以这么说。

问：那么，你接了班之后，蜀国的国力没有恢复吗？

答：我接了班之后，国内不时有人造反，可以说战争不断。紧接着，相父诸葛亮又连年北伐，致使蜀国积贫积弱，犹如雪上加霜，哪里谈得上恢复？

问：你的意思是说，蜀国的国力太弱，根本不是魏国的对手？

答：当然这不是绝对因素。我以为，蜀国灭亡源于后继无人。

问：此话怎讲？

答：我爸爸一开始创业的时候也不行，为什么？身边没有足够的人才。后来为什么兴盛起来了？因为有了大批的人才。从文的方面来讲，相父诸葛亮不用说了，那是世人公认的大人才。除了相父之外，还有法正、马良、糜竺、孙乾、简雍、伊籍等众多谋士。从武的方面来讲，除了关羽、张飞、马超、黄忠、赵云五虎将外，还有魏延、马忠、王平等得力大将。虽然达不到兵多将广，但也称得上是人才济济。可后来呢，这批人一个个都走了，没有了人才，蜀国能保得住吗？所以说，蜀国灭亡是缺乏人才造成的。如果有了人才，什么都有了。

问：蒋琬、费祎、姜维、张嶷、廖化等人，难道他们不是人才吗？

答：他们确实也是人才，但人才和人才不同。蒋琬和费祎能和相父诸葛亮相比吗？姜维、廖化等人能和五虎将比吗？统统不能。蜀国后期的这些人才，无非是矮子里面选将军罢了。不是有句话吗，蜀国无大将，廖化做先锋。这就是最好的证明。

问：你觉得蜀国后期为什么会出现人才短缺现象？

答：十年树木，百年树人，人才是短时期内培养不起来的。蜀国连年征战，哪里顾得上培养人才？

我是一颗温室里的小草

问：你把蜀国灭亡归咎于没有人才，难道你作为皇帝就没有责任吗？

答：实话跟你说吧，我算什么皇帝？我跟汉献帝也差不了多少，只是比汉献帝自由一点罢了。

问：这话是什么意思？

答：我爸爸临终前嘱咐我，对待诸葛亮要像对待他一样，实际上就是让我认诸葛亮为干爸爸。我接班之后，军政大小事务都由相父决断，根本没我什么事。你说，我能做什么？

问：你相父也是为你好，因为你当时年龄还不大。

答：我接班的时候已经十七岁了，说大也不大，说小也不小了。我爸爸将我托付给相父，只是让他来辅佐我的，并没有让他行使皇帝的权力。可你看看，相父他……哎呀，我真是没法说。

问：诸葛亮的政治经验丰富，他替你执掌政权，是觉得你还不太成熟。可随着年龄的增长，并没有发现你有什么作为，这能怪人家诸葛亮吗？

答：在所有的人眼里，我其实就是一个草包，大家都瞧不起我，这一点我心里很清楚。说实在的，刚接班的时候，我也深感自己责任重大，不敢有丝毫懈怠，生怕辜负了我爸爸的期望。我曾经厉行节俭，反对铺张浪费，就是为了给国家节约一点资金，把钱用在该用的地方；我曾经也积极鼓励发展农业，增加百姓收入，让他们能过上好日子；我曾经也主张任人唯贤，亲贤人、远小人，虚心听取各方面的意见，使国家的大政方针不至于偏离轨道；我曾经也主张赏罚严明，鼓励将士奋勇杀敌，为国立功；我曾经甚至想亲自挥剑上马，率领将士们驰骋战场……可惜，大家眼里只有相父，没有我。我虽然脑子愚笨，但我也是有自尊心的，我的自尊心受到了伤害，有谁能体会我内心的痛苦呢？

问：所以你后来就干脆什么也不做了？

答：是的。既然诸葛亮包办了一切，我就做个享乐皇帝算了。

问：你为什么要破罐子破摔？你是蜀国的皇帝啊！

答：我生于乱世，长于乱世，那一次要不是赵云叔叔将我从乱军中救出，我恐怕早就没命了。后来，我又险些被继母孙夫人带到江东，又是赵云叔叔等人救了我。也许是这个缘故，我爸爸对我过于溺爱了，只怕我再遇到什么不测。所以，他总是让我待在最安全的环境里，就像待在温室里一样，不让我经历风雨。长大以后我才懂得，我其实就是温室里的一棵小草，虽然大家都百倍地呵护我，但在他们眼里，我永远是个长不大的孩子。岂不知，不经历风雨，怎么见彩虹？温室里长大的小草，再怎么也成不了参天大树。

问：你成天在后宫玩乐，不理朝政，董允和谯周等人都劝过你，你为什么不听？

答：我在政治上无所作为，难道还不让我在生活上有所作为吗？多搞几个女人，董允不答应；吃喝玩乐，谯周也不同意，你们究竟让我干什么？让我像木头人一样立在那儿吗？我除了用酒色来消磨时光，我还能干什么？

问：诸葛亮病逝后，百姓要求给他立庙，你为什么不答应？

答：我对相父有意见！他活着的时候一直压着我，大小事情都由他决断，我早就对他不满意了。

问：诸葛亮一生为你们刘家效劳，你怎么不识好歹呢？

答：是啊，我不让给相父立庙，可百姓们每年还是私下里到路边祭奠相父，说明相父还是深得民心的。后来，有人又建议给相父立庙，我就同意了。我确实错怪了相父。

抵抗和不抵抗的结果都一样

问：魏国大将邓艾攻破绵竹后，你为什么要投降？

答：相父在世的时候，多次北伐，每次都是无果而终。相父归天后，姜维又连年出兵，结果也一样，没有什么起色。魏兵大举进攻蜀国的时候，蜀军连吃败仗，姜维根本不是邓艾的对手。绵竹一丢，成都也就难保了。所以我觉得，抵抗和不抵抗的结果都一样，成都早晚会丢。

问：当时成都还有带甲将士十余万，难道就真的保不住成都吗？

答：自从蒋琬、费祎死后，朝中基本上没人管事了。姜维在外领兵作战，成都的事没人管，也没有做作战的准备。

问：你当时是怎么想的？

答：眼看魏兵就要进攻成都了，成都的老百姓纷纷出逃，劝都劝不住。群臣让我想办法，我能有什么办法？你们以前怎么不问我呢？啊，现在成都要破了，你们想到我这个皇帝了？晚了，对不起，我没有办法，还是你们想办法好了！群臣集中在一起商议办法，结果是他们都没有办法。

有人建议，东吴是咱们的好朋友，咱们可以投奔东吴，好歹混口饭吃。

又有人建议，南中地区还有七个郡，地形复杂，易守难攻，可以到南中去避难。

还有人建议，哪里也不能去，只能固守成都，与成都共存亡。

这些人七嘴八舌，吵作一团，我也不知道听谁的好了。最后，还是谯周作了详细的分析，否定了大家的意见。

问：谯周说什么？

答：他说，东吴是绝对不能去的。作为一个皇帝，不在自己的国家，那就不叫皇帝了。如果去了东吴，那就等于投降了人家，做了人家的臣子。但是，东吴迟早会被魏国吃掉的，到那时，皇帝再被人家俘虏，就是第二次受辱。南中也是不能去的，如果要去南中，就应该早做准备。现在人家打到家门口了，你跑得了吗？

问：那他的意见是什么呢？

答：他的意见就是要我投降。

问：你愿意投降吗？

答：我当时还是想到南中去，结果，谯周死活不同意。他还给我上疏，陈述了一大堆理由。

问：什么理由？

答：第一，南中地区有很多少数民族，历来对蜀国不服，经常起兵造反。诸葛亮征服南中后，他们口头上臣服了，但内心还是不服。再加上政府每年向他们征赋，他们对蜀国就更加怨恨了。如果此时去投奔南中，那只能是自找死路。

第二，魏兵此次进攻，不只是夺取成都，而是整个蜀国。即使跑到南中，魏兵一定会穷追不舍，最后还是逃不出人家的手掌。

第三，南中地区很穷，如果逃到南中，势必增加当地百姓的负担，他们会立即起来造反，后果不堪设想。

第四，如果逃往南中，成都的百姓肯定不会扔下他们的父母不管而跟随皇帝南下，他们肯定会逃的逃、叛的叛，那就乱套了。

所以，最好的办法就是举手投降。这样不仅能保住性命，而且也能保住荣华富贵。

问：你不觉得投降是件耻辱的事吗？

答：怎么不觉得？你以为我是痴呆吗？为了蜀国的百姓，我一人受辱算不了什么。

问：你的儿子刘湛劝你背城一战，同死社稷，你为什么不听？

答：我不想让蜀国的百姓再受战乱之苦。

问：你的儿子刘湛劝不住你，就杀了妻子和儿子，然后自杀，以身殉国，你怎么还不如你的儿子？

答：我确实不如儿子有骨气，儿子留下了好名声，我留下了臭名声。我承认，我是一个庸碌的皇帝。

我忽悠了司马昭

问：你到了洛阳之后，魏国封你为安乐县公，你满意吗？

答：谈不上满意不满意，你不满意又能怎样？人家不杀你就够偷笑的了。

问：你是不愿意死，还是怕死？

答：谁愿意死啊？好死不如赖活着。再说，人家还给我食邑万户，赐绢万匹，奴婢百人，待遇还是可以的。不仅如此，我的子孙被封侯的就达五十余人，跟随我到洛阳的樊建、张绍、谯周、郤正都封了列侯。

问：司马昭跟你喝酒时，故意为你演奏蜀国的音乐，蜀国的旧臣都感到难过，唯独你却喜笑颜开，听得津津有味，你心中难道没有亡国之痛吗？

答：如果我没有亡国之痛，我还算个人吗？他们也太狗眼看人低了，太低估我的智商了。我知道，司马昭故意演奏蜀国的音乐，实际上是在试探我的内心世界，看看我到底有没有复国之心。我知道司马昭的用意，所以故意装作喜笑颜开的样子，以消除他们对我的戒心。要知道，亡国之君大多数是不能善终的，我不能让他们看出我的任何破绽。

问：司马昭问你颇思蜀乎，你回答说此间乐，不思蜀，这莫非也不是你的心里话？

答：嘻嘻，算你说对了。司马昭问了一个非常低级的问题，三岁小孩也知道该怎么回答。就如同别人问你愿意吃屎吗，你能回答愿意吗？所以，我就是要装出傻乎乎的样子给他们看。

问：你是说你把司马昭忽悠了？

答：可以这么说。我不仅把司马昭忽悠了，连所有的人都忽悠了。晋武帝司马炎为什么也没有杀我，就因为他们认为我是一个傻子，对他们构不成威胁。

问：历史对你的评价不怎么好，你觉得呢？

答：历史终究还是公正的。

问：你在乎自己的名声吗？

答：每个人都应该在乎自己的名声。名声是什么？名声就是社会舆论对一个人的综合评价。名声有好坏之分，一个人的名声虽然只代表一个人的形象，但千万亿个人的名声就代表一个国家的形象。如果人人都不在乎自己的名声，那还谈什么道德？许多违法乱纪的人就是因为不在乎自己的名声造成的，如果他们在乎自己的名声，他们还会违法乱纪吗？所以，在乎名声不是坏事，但要追求好的名声，而不要留下不好的名声。

问：你对后人有什么话要说吗？

答：一个人，不管你是官二代、富二代，还是穷二代，都要自强不息，在大风大浪里经受锻炼，靠自己的奋斗去获得成功。吃苦是福，吃亏是福，自己的路要自己走。一句话，男儿当自强！

第四章

诸葛亮：性格决定命运

事无巨细是由性格决定的

问：关于你的出山问题，历史记载有所不同。一种说法是刘备三顾茅庐请你出山的，一种说法是你主动去找刘备的，到底哪一种是真实的？

答：谁先主动找谁，这已经不重要了，重要的是我遇到了明主，先帝也遇到了他理想中的助手，这就足够了。

问：你在出山之前自比管仲、乐毅，你就那么自信？

答：那时候年轻，吹几句牛皮在所难免，谁还没有过年轻的时候。其实，我的才能远远不及管仲、乐毅，也不如张良和陈平。

问：你一生为刘家操劳，可以说真正做到了鞠躬尽瘁、死而后已，你为什么能做到这一点？

答：性格决定的。

问：什么性格？

答：忠诚。只要我看准了一个人，我就会为他献出终生，绝不会有二心。

问：你不论当军师，还是当丞相，总是事无巨细，你为什么会这样？

答：还是性格决定的。我虽然参与了三国的纷争，但我骨子里还是一个知识分子。知识分子有一个共同的性格，就是认真。而我呢，不是认真，是过于认真。认真的结果是什么呢？就是事无巨细、谨小慎微。

问：你是一个完美主义者？

答：可以这么说。不论大事小情，我力求做得完美，不能有任何差错，这也是我事无巨细的原因之一。

问：你是不相信别人，还是太过于相信自己？

答：也不是不相信别人。比如一件事情，别人做得非常好，但我还是要过问一下，这就是我的性格。

问：军国大事那么多，而你又事无巨细，你不觉得累吗？

答：怎么不觉得？我常常感到身心疲惫，甚至有归隐乡间的念头。但没办法，性格决定了我不能那样做。

问：作为一个优秀的政治家，应该懂得抓大放小，你难道不知道这个道理吗？

答：知道，但我做不到。

问：据说你当了丞相之后，还亲自校对文书，弄得流汗终日，这不是你干的事啊？

答：确实是这样。主簿杨颙就不客气地对我说，搞政治是有规矩的，应该各司其职，不能互相替代。他还举例说，公鸡的任务就是打鸣，狗的任务就是防盗，牛的任务是载重，马的任务是远涉。如果让狗去打鸣，让公鸡去防盗，让牛去远涉，让马去载重，那是什么后果？汉文帝登基后，周勃、陈平都是丞相。有一次，汉文帝问周勃说，天下一年决狱多少？周勃说不知。汉文帝又问，天下一年钱谷出入多少？周勃还是摇头。汉文帝很不满意，转脸又问陈平。陈平说，各有主事的官员，可以去问他们。汉文帝说，谁主其事？陈平说，要知决狱之事，可以问廷尉；要知钱谷之事，可以问治粟内史。汉文帝更加生气了，说，既然各有主事之官，要你们丞相何用？陈平回答说，丞相的责任就是辅佐天子理阴阳，顺四时，下育万物之宜，外镇抚四夷诸侯，内亲附百姓，使卿大夫各得其职。结果，汉文帝听了转怒为喜，连声称赞。我觉得杨颙说得太对了，我非常感谢他。

问：杨颙去世后，你哭了三天，这是真的吗？

答：是的。杨颙是真心为我好，怕我太劳累，所以敢那样劝我。我也知道当丞相不能事无巨细，应该总揽全局，该放手时就放手，可我总是做不到。都怪我这个臭性格！

问：有人说，你事无巨细是不想放权，真的吗？

答：这就有些冤枉我了。我一再强调，事无巨细是由我的性格造成的，与其他无关。我只是想把每一件事情都办好，其他的没有考虑。

问：实际上，事无巨细就是越位，不仅劳累了自己，而且挫伤了广大官员的积极性和创造性，你意识到这个问题吗？

答：开始没有意识到，后来意识到了。遇到事情，大家都不愿意动脑筋了，都习惯于向我请示。我也想设法改变我的做法，但我没有做到。说到底，还是性格在作怪。

问：你实际上是被活活累死的？

答：差不多。我不是一个高明的领导者。所以，当领导的不要学我，要做自己该做的事，不要做自己不该做的事。

问：你当丞相那么多年，死后却没有什么家产，你不爱财吗？

答：我为官多年，吃的喝的用的全是公家的，这本身就十分优越了，积攒那么多钱干什么？如果要贪财，最好去做商人，不要当官。当官就要为百姓做出表率，不要让百姓戳你的脊梁骨。贪财是从政者最大的悲哀。

多次伐魏是无奈之举

问：夷陵大战之后，蜀国元气大伤，已经失去了与魏国抗衡的能力，你为什么还要多次出兵伐魏？

答：对于出兵伐魏，很多人是反对的，而我也知道，蜀国肯定打不过魏国。但为什么还要打呢？主要是出于全局考虑。蜀国地盘小，人口少，经济也不发达，如果不主动开疆扩土，早晚是死路一条。魏国早就想灭掉蜀国，即使你不打他，他也要来打你。与其被动挨打，还不如主动出击。不打，只能是坐以待毙；打，可能还有一线希望。这就是我坚持要出兵伐魏的原因，也可以说是无奈之举吧。

问：有人说你坚持出兵伐魏是为了报答先帝刘备对你的知遇之恩，是这么回事吗？

答：有这个原因，但不是主要原因，主要原因还是出于对全局的考虑。

问：你五次伐魏都没有成功，原因是什么？

答：刚才我已经说了，这是一场没有悬念的战争，蜀国肯定打不过魏国，因为双方实力悬殊，这是主要原因。次要原因就是缺乏能征惯战的勇将。关羽、张飞、黄忠、马超、赵云死后，蜀国已经没有了这样的军事人才，而魏国不仅存在当年跟随曹操征战的一些老将，而且还涌现出像邓艾、钟会等一大批杰出的后起之秀，这是不能相比的。打仗一是靠谋略，二是靠猛将，只有谋略是远远不够的，还得有人在战场上厮杀。

问：后来不是有姜维吗？

答：仅有一个姜维是远远不够的。而且，姜维不是邓艾的对手。

问：你制定的北伐战略方针是稳扎稳打，先取陇右，继取关中，然后再图中原。你不觉得这个战略方针过于保守吗？

答：现在看来，这个战略方针确实是保守了。我一生中没有打过无把握的仗，每次打仗都考虑得比较周全，这同样是性格造成的。

问：第一次北伐的时候，大将魏延建议由子午道直取长安。这是一条很好的建议，你为什么没有采纳？

答：当时我认为魏延的计划过于冒险，所以没有采纳。现在看来，魏延的计划是对的，我太保守了。

问：你对魏延一直有成见？所以他说什么你也不听？

答：魏延的确是一员猛将，不比五虎将差。但他的性格与我不同，他敢于冒险，而我却不敢。由于性格上的极大反差，魏延认为我的谨小慎微是胆怯的表现，他的才能不能得到最大限度的发挥，所以他对我很有意见。他每次跟我出战，总要跟我分兵单独行动，干扰我的总体部署。我作为一个军事统帅，不能容忍这样的行为。你想想，如果将领们都像他一样，这仗还能打吗？打仗最基本的一条是号令统一，服从指挥，如果将领们不听统帅的指挥，那不乱套了？

问：你既然知道街亭的重要性，为什么不让魏延去防守，而是派了马谡？

答：说实话，这里确实有个人的情感因素。从个人感情上讲，马谡跟随我多年，感情自然要比魏延要深。魏延对他的部下很好，但对上级领导却十分高傲，这一点我看不惯。我之所以不用魏延，就是要压一压他的傲气，让他知道领导是不能随便冒犯的。再说，马谡也一直想到战场上去实践一下，他再三请求，我也不好拒绝，所以就让他去了。

问：刘备临终前告诫你，马谡言过其实，不可大用，你难道忘了吗？

答：老实说，马谡并非言过其实，他还是很有战略眼光的。他多年在我身边，提出过很多漂亮的建议和意见，而且这些意见和建议都是正确的。举一个例子，当年我出兵平定南中时，马谡就建议说，南人不服我们已经很久了，今天即使打败他，也不能解决根本问题。我军一到，他们必然平服。我军一退，他们还是要捣乱。因此，对南人应该采取攻心为上，攻城为下，心战为上，兵战为下的策略，这样才能使南中长治久安。我正是采纳了马谡的建议，才有了对孟获的七擒七纵，使南人彻底心服口服，解除了北伐的后顾之忧。这样的战略眼光，你能说马谡是言过其实吗？再说，我阅人无数，马谡又多年在我身边，我能看错人？

问：有人说失街亭是你用人不当造成的，你承认自己的过失吗？

答：失街亭并非用人不当，而是我战略考虑上的失误。我只考虑了街亭的重要性，没有考虑到司马懿会亲自率领大军去打街亭。司马懿是魏军的统帅，按常规，攻打街亭只需派一员大将就行了，司马懿没必要亲自出马。但事实恰恰相反，司马懿亲自出马了，而且率领的是他的主力部队，这一点我没有想到。所以，在兵力分配上，我犯了大错，就是防守街亭的兵力太少了。再加上街亭无险可守，给马谡那么点兵力，怎么能抵挡得住司马懿的大军？别说马谡，就是换了魏延，街亭照样要丢。所以，失街亭不是用人的失误，而是战略考虑上的失误。如果当时我想到司马懿要亲自出马，我也会率领大军亲自到街亭，与司马懿对垒，而不会只派区区几万人马去防守街亭。虽然我又派了几路人马去接应，但兵力还是太少了。

问：既然失街亭是你的责任，你为什么要杀马谡？

答：表面上，街亭是由于马谡布置不当造成的，实际上是由于我的战略失误造成的。但我作为蜀军的统帅，不能把这个责任扣在自己头上。为什么呢？如果我承认这次失败是我的责任，那么我在军中的威信就会大打折扣，说不定会有更多的将领跳出来效仿魏延，不听我的调遣。这样一来，军心就不稳了。军心不稳，以后还怎么打仗？所以，我必须找一个替罪羊来承担这个责任，这个替罪羊当然就是马谡了，因为他是防守街亭的直接责任人。

问：杀了马谡之后，那你哭什么？

答：我跟马谡情同父子，我们感情很深，他替我而死，我内心有愧，所以痛哭。

问：可你说痛哭是因为想起了先帝刘备临终前说过的话，你为什么撒谎？

答：我能说马谡是替我而死的，他是我的替罪羊，杀了他我感到非常难过，我能说这样的话吗？

问：街亭失败后，你上疏请求自贬三等，你为什么要这么做？

答：我这样做，实际上就是向大家表明，失街亭不是马谡的罪过，而是我的罪过，只不过不能明说罢了。其次，我想以此来减轻心中的痛苦，我对不起马谡。

问：你一生谨小慎微，为什么敢上演空城计？

答：什么空城计？都是他们虚构的，根本没有的事。

问：司马懿是你最强劲的对手，你为了激怒他出战，什么手段都用了，甚至给人家送女人的衣服，你不觉得这种手段幼稚吗？

答：双方战争看的是最后的结果，过程并不重要。胜了，一切手段都是好的；败了，一切手段都是不好的。就这么简单。

周瑜不是我气死的

问：《三国演义》里说，你三气周瑜，最后被你活活气死了，这是真的吗？

答：这确实是演义，不是真的。周瑜是受箭伤病死的，不是被我气死的。周瑜是个非常大度的人，是东吴难得的人才。

问：可人们都认为周瑜心胸狭窄，嫉妒心很强，经常跟你斗智斗勇，有这回事吗？

答：这是人们对周瑜的丑化和曲解。我举一个例子可以说明周瑜的大度。程普是一员老将，他对年轻的周瑜很不服气，经常凌辱周瑜，可人家周瑜始终不跟他计较，还是一如既往地尊重程普，这使得程普十分感动，也十分羞愧。后来，程普对周瑜变得非常敬重，甚至对人说，与周公瑾交往，就跟喝美酒一样，不知不觉就醉了。这充分说明周瑜的胸怀是十分宽广的，能容得下难容之人和难容之事。一个心胸狭窄的人是做不到这一点的。

问：你是说，历史上的周瑜不是这样的人？

答：是的。《三国演义》有意要抬高我，贬低人家周瑜，所以才虚构说周瑜是被我气死的，其实不是这样。周瑜是东吴的栋梁之材，谁也想得到他，就连曹操都想得到他。曹操曾经派舌辩大师蒋干去游说周瑜，结果碰了一鼻子灰。蒋干对曹操说，周瑜雅量高致，说什么也白搭，您还是死了这条心吧。赤壁大战之后，曹操为了贬低周瑜，就给孙权写信说，赤壁之战，正赶上我军疫病流行，所以我故意烧毁战船，主动撤兵,并不是周瑜将我打败的。先帝刘备也知道周瑜是个人才，但不能为己所用，所以就想离间孙权跟周瑜的关系。赤壁大战之后，先帝刘备去京口（今江苏镇江）见孙权，要求暂借荆州。临走的时候，先帝刘备故意对孙权说，周瑜文武兼备，是个难得的人才，但此人器量广大，恐怕不会长久甘做臣子。意思是说，周瑜确实很有本事，但他野心太大，将来一定会篡位。但人家孙权没有听刘备的。

问：刘备的这个做法不君子啊！

答：是的。周瑜不同意将荆州借给我们。周瑜知道刘备迟早是东吴的大患，所以给孙权出主意说，应该将刘备软禁在东吴，给他豪宅和美女，以消磨他的斗志，把刘备跟关羽、张飞分开，这样就可以免除后患。如果把荆州借给刘备，那纯粹是养虎为患。当时，孙权主要把曹操当作自己的敌人，所以也没有采纳周瑜的意见。如果孙权采纳周瑜的意见，将刘备扣留在东吴不放，历史恐怕就要改写了。

问：你见过周瑜吗？

答：只见过一面。赤壁大战之前，我出使东吴，见的是孙权，地点是在柴桑，主要是商讨孙刘联盟、共拒曹操的事情。当时，孙权举棋不定，是打是降拿不定主意，而主张投降的人占了绝大多数，弄得孙权很头疼。孙权还是倾向于打的，他不愿意投降，但支持他的人很少。

问：当时周瑜在哪里？

答：当时周瑜正在鄱阳，孙权根据鲁肃的建议将他召回，共商大计。周瑜、鲁肃是主战派，有二人的支持，孙权才铁了心要打。事情定下来之后，孙权派周瑜、程普、鲁肃等率水军三万，跟我一同到夏口与刘备会合，共拒曹操。这是我们唯一的一次见面。

问：那么，草船借箭是真的吗？

答：草船借箭的事确实有过，但主角是孙权，不是我，我没有做过这件事。孙权草船借箭的事发生在建安十八年（公元213年），地点是濡须（今安徽无为县北），而赤壁大战发生在建安十三年（公元208年），时间已经过去五年了。时间、地点、主角都不一样，《三国演义》将孙权草船借箭的事安在我头上，我觉得心里很不安。

再说，我跟周瑜从来没有直接打过交道，怎么会有什么军令状，怎么会有草船借箭？

问：借东风呢？

答：那更是子虚乌有，纯粹是小说家的虚构，我哪有那本事？舌战群儒也是虚构的。至于火烧赤壁，那是周瑜和黄盖的计策，跟我也没有关系。

问：赔了夫人又折兵呢？

答：那说的是孙权，不是周瑜。赤壁大战之后，孙权为了巩固孙刘联盟，主动将妹妹嫁给了刘备。那纯粹是一场政治婚姻，不关周瑜的事。那时候，周瑜正在前线跟曹仁对决，根本不在家里。

问：也就是说，三气周瑜是没有的事？

答：是的。周瑜在建安十五年（公元210年）就病逝了，不是我气死的。赤壁大战之后至周瑜病逝的两年时间里，我主要住在临烝，负责零陵（治所在今湖南永州市零陵区）、桂阳（治所在今湖南郴州）、长沙三个郡的赋税工作，再没有跟周瑜打过交道。周瑜病逝后，孙权非常悲痛，对人说，周瑜有王佐之才，不幸英年早逝，我以后可依赖谁呀？后来，孙权称帝，对人说，如果没有周瑜，不会有我的今天。

问：周瑜病逝后，你去东吴吊丧吗？

答：没有，我没有去吊丧。周瑜的灵柩运回东吴，孙权还亲自到芜湖迎接他的灵柩。《三国演义》说我到柴桑（今江西九江市西南）口吊丧，这都是虚构的。我没有去给周瑜吊丧，自然也就不存在那篇祭文了。

不要把我供在神坛上

问：千百年来，人们将你当作智慧的化身，甚至有人把你当作神仙来对待，你有什么感受？

答：《三国演义》确实把我神化了，但《三国演义》毕竟是一部文学作品，它塑造的诸葛亮与我本人相差甚远。也就是说，《三国演义》里的诸葛亮，已经不是历史上的诸葛亮了。人们把我当作智慧的化身，就是受了《三国演义》的影响。因为它把很多人的功劳放在我身上，刻意地抬高我、美化我，把我写得简直不是人了。其实我没有那么多智慧，也没有那么多功劳，我就是一个凡人。

问：确实是这样。我们读史书就会发现，很多史实与《三国演义》里的描写有很大出入，你能举几个例子吗？

答：这样的例子很多。有的属于张冠李戴，有的属于无中生有。比如，草船借箭就属于张冠李戴，那是孙权干的，不是我干的。再比如，借东风、舌战群儒、空城计等，就属于无中生有，是小说家虚构的。

先帝刘备攻取汉中的时候，我负责留守成都，并没有去前线，随刘备去前线的是法正。而《三国演义》第七十二回《诸葛亮智取汉中 曹阿瞒兵退斜谷》中，写的却是我在前线帮助刘备出谋划策，最终夺取了汉中。这也属于张冠李戴。

问：你对法正这个人怎么看？

答：法正原来是刘璋的部下，他卖主求荣的做法应该受到谴责。抛开这一点说，法正还是很有才能的，他的谋略不在我之下。他最大的特点是敢于直谏，这一点我自愧不如。比如，关羽被东吴杀害后，先帝刘备执意要出兵伐吴，当时我虽然也劝刘备不要感情用事，但没有强硬地去劝阻，最终酿成了大祸。这就是我的性格。如果当时法正还活着，他一定会以强硬的态度劝阻刘备出兵，即使出兵了，也不会败得那么惨。

问：刘备执意兴兵伐吴，你没有同往，那么你在军事上提出过一些建议吗？

答：说实话，军事谋略不是我的长项，我的长项在于治国治军。对外来讲，我的军事谋略远远不如曹操手下的郭嘉、荀彧、贾诩、程昱等一大批谋士，更不如后来的司马懿；对内来讲，我也不如庞统和法正。我五次伐魏都没有成功，除了军事实力、人才缺乏等因素外，跟我的谋略有很大关系。历史上有很多以弱胜强、以少胜多的战例，都跟谋略有关。历史上也有很多“运筹于帷幄之中，决胜于千里之外”的优秀人才，但我不是这样的人才。《三国演义》里的诸葛亮是这样的人才，但这不是真实的我。

问：刘备死后，刘禅懦弱，你真的没有过取而代之的想法吗？

答：没有。说实话，以我当时的地位和威望，我完全可以取代刘禅，但我没有那样的想法。我身上有浓厚的忠君思想。另外，我的性格也决定了我不是那样的人。

问：刘备对你真的那么信任吗？

答：一个人对另一个人的信任，不是短时间形成的，而是经过长期的考验形成的。我在与刘备相处的过程中，不仅时刻注意自己的位置，而且十分注重细节。举一个例子，我哥哥诸葛瑾在孙权手下工作，他多次出使蜀地，我们只是在公共场合见面，谈的也是公事，从来不在私底下见面，怕的就是引起双方主人的猜忌。主疑臣，臣必死，这样的教训太多了。刘备从来不怀疑我跟东吴有什么私下交易，孙权也从来不怀疑我哥哥跟刘备有什么瓜葛，这都是我们兄弟注意细节的结果。

问：谨小慎微确实是你的性格。但不是有句俗话吗，身正不怕影子歪，咱光明磊落，何必怕人怀疑？

答：不是这样。如果不注意细节，即使身正，你的影子有时候也会被人看歪的。历史上的许多冤案是怎么造成的？不就是因为他们的影子被人家看歪了吗！

问：最后，谈一下你的婚姻问题。你是一个大帅哥，为什么要娶一个黄头发的丑女人？你的择偶观是什么？

答：我的妻子确实很丑，但她很有才，我看重的就是这一点，这也是我的择偶观。当然，每个人的择偶观都不同，不可强求一律。

第五章

关羽：骄傲自大害死人

我没有说过“降汉不降曹”

问：在讨伐董卓的战争中，你“温酒斩华雄”一举成名，当时你有那么大的把握吗？

答：错了。华雄的确是董卓手下的一员猛将，但此人不是我杀的，是孙坚的部队杀的。《三国演义》将这个功劳安在我头上，是想表现我的武艺高强。我成名是在白马斩杀颜良，那是后来的事了，华雄的死跟我无关。

问：在三国众多的英雄中，你是一位举足轻重的人物，一直以“义”为重，可当年你却投降了曹操，你为什么没有死守下邳？

答：当时，天下大乱，群雄并起，各方豪杰都在收罗人才，树立威信，谁也怕背上不好的名声。所以，一个人在万不得已的情况下投降了别人，在当时是很正常的事，大家都不会骂你是叛徒。曹操攻打下邳，我抵挡不住，只好投降。但我投降是权宜之计，我的心还在刘备那儿。刘备不也投降过吕布、曹操和袁绍吗，这是很正常的。

问：据说当时你投降曹操时，提出了三个条件，第一个条件就是降汉不降曹，你难道认为降汉和降曹不一样吗？

答：我没有说过那样的话，那是《三国演义》里编的。《三国演义》里说张辽跟我在土山上谈判，我提出了三个条件，这都是没有的事。投降还有条件？我没有听说过。再说，《三国演义》

所说的“降汉不降曹”，本身就自相矛盾。既然你是大汉的臣子，何谈降与不降？你降汉，说明你是大汉的逆臣，我能给自己脸上抹黑吗？事实是我真的投降了曹操，如果提出“降汉不降曹”这样的条件，那简直就是掩耳盗铃，自欺欺人。

问：曹操明明知道留不住你，为什么没有杀掉你？

答：曹操胸怀广大，善于网罗人才。他见我是一员猛将，所以想为己所用。但他知道我不会久留，却仍然对我很好，给了我很多赏赐。我挂印封金走了以后，他也没有派人追杀，这就是一个伟人的胸怀。

问：曹操对你那么好，你为什么执意要走？

答：我做人的原则就是要有始有终，我既然跟了刘备，就不能再跟别人。当然，我离开曹操是有承诺的，就是报答了曹操的恩德之后才走，我履行了自己的承诺。白马解围之后，我就走了。

问：你觉得杀了一个颜良就是报答了曹操的恩德吗？

答：曹操确实对我不错，我杀一百个颜良也难以报答他的恩情，但我迟早是要离开他的，只能找这个理由罢了。

问：千百年来，你过五关斩六将的壮举一直被传为美谈，你觉得自豪吗？

答：那些人和事都是虚构的，我没有杀过那么多人。

问：后来你在华容道义释曹操，也是为了报答曹操当年对你的恩情？

答：历史上没有这样的事，那是小说家为了表现我的忠义而虚构的情节。曹操是孙刘共同的敌人，赤壁大战大败曹军，谁不想抓住曹操啊？在那个紧要关头，谁敢放走曹操？当然，曹操的确是从华容道逃走的，但没有遇到一兵一卒，更不存在我义释曹操的事了。

骄傲自大害了我

问：你确实武艺高强，有万夫不当之勇，这是你骄傲自大的资本吗？

答：一个人骄傲自大的性格是长期养成的。我多年跟随刘备征战，胜多败少，逐渐就有些飘飘然了。在我眼里，好像谁也打不过我，谁也没有我的武艺高强，其实这是不对的。要知道，天外有天，山外有山，能人背后有能人，可惜我当时没有这样的认识。另外，我跟刘备的关系很铁，刘备是老大，有老大给我撑腰，我似乎什么都不怕，什么都不放在眼里，这是造成我骄傲自大的根本原因。

问：可张飞、赵云、马超、黄忠同样是刘备的爱将，他们为什么不显得骄傲自大？

答：其实他们跟我一样，都有骄傲自大的心理和表现，只是不像我明显罢了。比如张飞在军中经常随便打人杀人，这不是骄傲自大是什么？一般的将领敢这样做吗？刘备曾经劝他要爱惜士卒，不要过于严苛，但张飞根本不听。赵云两次在危急关头救了刘禅，立下赫赫功劳，他在刘备跟前说话就底气十足，这难道不是骄傲自大的表现吗？所以，凡是有点才能的人，在某些时候都会表现出一定的傲气，这是很正常的。

问：马超投降刘备后，你在荆州给诸葛亮写信，询问马超的才能，你当时是怎么想的？为什么问这样的事？

答：马超是一个降将，我打心眼里瞧不起他，但他偏偏又得到刘备的重用，我就有些纳闷了，难道马超的才能比我强吗？我不信。所以，我就给诸葛亮写了信，询问马超的才能可以跟谁相比。诸葛亮知道我的心思，他回信说，马超文武兼备，雄烈过人，无非就像汉初的英布、彭越一样，只是一介勇夫罢了。他可以跟张飞一争高下，但绝不能与我相提并论。现在看来，我当时根本不应该有那样的心思，更不应该写信询问，那简直就是一件无聊而又愚蠢的事。我太有些骄傲自大了，太有些目中无人了。

问：你曾经在战斗中负伤，名医华佗给你刮骨疗毒，你谈笑自若，真有这回事吗？

答：刮骨疗毒确有其事，但给我疗毒的不是华佗，我跟华佗没有见过面。我的左臂受了箭伤，每到阴雨天就疼痛难忍。医生说，箭头上有毒，已经渗入了骨头，需要刮骨疗毒。手术的时候，我跟将领们喝酒，谈笑自若，实际上很疼，那是我装出来的。

问：为什么要装？

答：我就是要大家看看，我关云长是铁打的人，什么也不怕。其实，都是我的骄傲心理在作怪，做手术哪有不疼的？

问：刘备入川后，你一直镇守荆州。据说孙权派人想跟你结为亲家，你大骂人家的使者，拒绝了这门亲事。你为什么不同意将自己的女儿许配给孙权的儿子？孙权可是东吴的一把手啊！

答：当一个人骄傲自大到极点的时候，什么蠢事也可能干出来。当时，我水淹七军，迫使于禁投降，又擒斩了庞德，大败曹军，威震华夏，连曹操都吓得要准备迁都了。这些胜利更加助长了我的骄傲情绪，可以说我已经骄傲自大到了极点。这种骄傲的心理，使我变得更加无知。人家孙权是东吴的一把手，他想与我结亲，无非是想进一步巩固孙刘联盟，共同对付曹操。可是，由于我过于自尊自大，连孙权也不放在眼里，更没有考虑国家利益，所以不仅骂了人家的使者，还无情地拒绝了这门婚事。我的过分做法使孙权很没面子，等于彻底把孙权得罪了。孙权决心要夺回荆州，跟我的这种蛮横态度有很大关系。如果我当时态度委婉一点，温和一点，效果可能要好些。这使我得到一个教训，不论对待任何人，说话办事要有分寸，要考虑对方的感受。一句话，人不能骄傲自大，骄傲自大会付出沉重的代价。

问：你率主力部队北上攻打樊城（今湖北省襄阳市樊城区），荆州防守空虚，你难道不怕丢掉荆州吗？

答：当时已经被胜利冲昏头脑了，没想到孙权在背后捅了我一刀，荆州还是丢掉了。这就是人们常说的大意失荆州。为什么会大意？就是因为轻敌。为什么会轻敌？就是因为骄傲。

问：如果当时糜芳、傅士仁不投降东吴，你也不会死，是不是？

答：是的。糜芳、傅士仁是我的部将，糜芳负责防守南郡，傅士仁防守公安。我出兵攻打樊城的时候，命他们负责后勤供应。由于我平素看不起二人，所以他们对我很有意见，关键时刻不肯为我出力。我非常生气，对身边的人说，将来回去一定要收拾他们。二人知道后非常恐惧，而孙权又派人诱降，他们就投降东吴了。其实，这不能怪他们，如果我平素待他们好一点，这样的事就不会发生了。归根到底，还是我骄傲自大造成的，骄傲自大最终害的还是自己。

都是荆州惹的祸

问：你与刘备情同手足，你被东吴杀害后，他倾全国之兵为你报仇，结果使蜀国大伤元气。你如何评价这件事？

答：刘备之所以这样做，实际上他内心有愧，我是死在他手里的。

问：你是被东吴杀害的，怎么说死于刘备之手呢？

答：表面上，我是被东吴杀害的，实际上，是刘备害了我。孙权为什么要趁我北上攻打樊城的时候袭取荆州？目的就是要夺回荆州。荆州是孙权借给我们的，他多次索要，都被刘备拒绝。如果刘备信守诺言，早日将荆州归还东吴，就不会惹恼孙权，我也不会败走麦城（今湖北当阳东南），最后丢掉性命了。所以，都是荆州惹的祸，荆州之祸的根源在刘备，我实际上死于刘备之手。

问：在荆州问题上，刘备确实耍了无赖，他舍不得荆州这块宝地，你难道不理解吗？

答：既然舍不得这块宝地，就应该多给我留些军队。刘备刚入川的时候，诸葛亮、张飞、赵云和我共同镇守荆州，那时的实力很强，即使东吴动手，荆州不会丢掉。可后来，诸葛亮他们都被调走了，走的时候带走了很多军队，荆州的实力大减，东吴一旦动手，荆州是守不住的。刘备夺取成都后，孙权又提出归还荆州部分地盘，但刘备仍不答应。孙权大怒，派吕蒙攻占了长沙、零陵、桂阳三郡。这时，刘备不是同孙权谈判平息事态，而是命令我大起干戈，与东吴争夺三郡。那时候，鲁肃奉命在益阳（今湖南益阳）与我相持，我们二人进行了谈判。鲁肃是个宽厚之人，但这一次的态度非常强硬，他说刘备不识好歹、不守信用，迟早是要惹祸的，把我说得无言以对。曹操占领汉中后，刘备才同意以湘水为界，将荆州部分地盘归还东吴。但是，荆州的根本问题还是没有解决，隐患依然存在。东吴把矛头都对准了我，把我作为他们的仇敌。这就等于什么呢？等于刘备把我推上了风口浪尖，我时刻都有生命危险。

问：刘备觉得你能守住荆州，所以才把这么重的任务交给你，你怎么能说把你推到风口浪尖呢？

答：荆州的问题得不到彻底解决，东吴是不会善罢甘休的。另外，当年曹操丢了荆州，心里也憋着一肚子气，也想夺回荆州。我两面受敌，不是在风口浪尖是什么？所以，我不是死于孙权之手，而是死于刘备之手。

问：你死后千百年来，逐渐被人们神化了，你怎么看待这件事？

答：这是人们的一种信仰而已。其实我不是神，我是人。

第六章

孟达：命运往往掌握在别人手里

叛刘投曹实属被逼无奈

问：《三国志》和《后汉书》中都没有你的传记，你能简单介绍一下你的家庭情况吗？

答：我是扶风郡（今陕西兴平市）人，我的爸爸叫孟他，非常有钱，所以我小时候受过良好的教育，有较好的文化基础。我爸爸当过几年凉州刺史，但是，爸爸的这个官不是正经得来的，而是用钱买来的。我爸爸虽然有钱，但仕途一直不得志，他就用尽所有的家资，贿赂张让的管家头子，然后让这个管家头子向张让求官。当时，张让是皇帝身边的大红人，说一不二，权力很大，来他家送礼的车马每天有数百辆，排几天队都进不去。爸爸去见张让，见门前排着长长的队伍，只好让守门人向那个管家头子禀报。管家头子来到门外，直接将爸爸领了进去。那些排队等候的人们看见这种情况，都惊得张大了嘴巴，认为爸爸跟张让的关系很铁，所以不用排队。其实，我爸爸跟张让的关系不是很铁，而是跟张让家的那个管家头子很铁。人们不知道真实情况，纷纷向爸爸送礼，爸爸转手将这些礼物都送给了张让。张让一高兴，就让爸爸当了凉州刺史。不过，为了得到这个官职，爸爸用尽了所有的家资，几乎到了倾家荡产的地步。

我爸爸当了几年凉州刺史就死了。爸爸一死，我家就衰败了，日子过得非常艰难。到了建安二年（公元 197 年），天下大乱不说，这一年还发生了严重的蝗灾和水灾，全国出现了大饥荒，有的地方甚至出现人吃人的现象。我在老家不能生存，就跟随同郡的法正一同到了四川，投奔了刘璋。

问：刘璋对你们怎么样？

答：刘璋虽然收留了我们，但他打心眼里瞧不上我们，所以过了很长时间，他才让法正当了新都县令，后来又当了军议校尉。至于我呢，就更得靠边站了。我们得不到重用不说，还经常受当地官员的欺负，我们简直恨透了刘璋。

问：你是如何投靠刘备的？

答：此处不留爷，自有留爷处。建安十六年（公元 211 年），曹操要派兵攻打汉中，刘璋非常害怕，就采纳益州别驾张松的意见，让法正和我率领几千兵马，到荆州请刘备入川。到了荆州之后，法正向刘备献计，让刘备乘入川之机，自己和张松做内应，一举夺取益州。刘备考虑再三，终于决定率部入川。

我向刘备表达了自己的归顺之意，刘备痛快地答应了，让我率所部人马屯驻江陵（今荆州市荆州区），在诸葛亮的领导下，与关羽、张飞、赵云等一同镇守荆州。诸葛亮率张飞、赵云等入川后，我直接受关羽领导。

问：你什么时候当上宜都太守的？

答：建安十九年（公元 214 年），刘备占领了成都，自领益州牧，并任命各级军政官员。法正当了蜀郡太守、扬武将军，我被任命为宜都太守。对此，我已经很满足了。

问：你觉得关羽是个怎样的人？

答：骄傲自大，目中无人。

问：你第一次为刘备作战是什么时候？

答：从建安十六年（公元 211 年）投靠刘备，一直到建安二十四年（公元 219 年），我几乎没有打过什么仗，只是镇守荆州而已。建安二十四年，刘备与曹操争夺汉中，刘备取得胜利。为了扩大战果，刘备命令我从秭归向北进攻房陵（今湖北省房县），这是我第一次为刘备出征作战。

问：结果如何？

答：我率部攻占了房陵，房陵太守蒯祺被我的兵士所杀。后来我才知道，这个蒯祺是诸葛亮的大姐夫。我真有些后悔，要是早知道蒯祺跟诸葛亮有这层关系，我是不会让兵士杀死他的。

问：后果很严重吗？

答：当然。攻占房陵后，我按照刘备事先的命令，率部攻打房陵西北部的上庸（今湖北省竹山县西南）。正在这时，刘备突然派他的养子刘封从汉中来到上庸前线，接替了我的军事指挥权，让我成为刘封的手下。

问：刘备为什么要这么做？

答：是啊，我也纳闷，这究竟是为什么？刘封到达上庸后我才知道，刘备担心我难以独当一面，所以才派刘封来统领我的部队。我就更奇怪了，攻打房陵的时候，刘备不担心我的能力，怎么攻打上庸就担心我的能力了？要知道，房陵太守蒯祺是蒯通的后代，智勇双全，比上庸太守申耽强百倍，刘备的理由站不住脚啊！我就想，刘备剥夺我的军事指挥权，恐怕有两个原因，一个是刘备对我不信任了，一个是诸葛亮怪罪我杀了他的大姐夫，所以建议刘备这么做。至于是哪种情况，我就不得而知了。

问：上庸好打吗？

答：上庸还没有打，申耽就乖乖地投降了。刘备任命申耽为征北将军，继续担任上庸太守。申耽的弟弟申仪为建信将军，担任西城（今陕西安康市西北）太守。刘封升任副军将军，而我却什么也没有。

问：按说，你也是立了战功的，连降将都有封赏，你怎么没有？

答：不清楚。

问：关羽围攻樊城的时候，多次命你们出兵相助，你们为什么没有出兵？

答：出兵不出兵，决定权在刘封手里，我没有决定权。

问：刘封为什么不出兵？

答：建安六年（公元 201 年），刘备被曹操打得无处藏身，只得流落到荆州（当时治所在襄阳），投奔了刘表，刘表让他在新野暂住。从此，刘备就住在新野，跟着刘表混饭吃。在此期间，刘备因为自己还没有儿子，于是就让刘封做了养子。刘封本来姓寇，可能跟刘表有点亲戚关系，通过刘表的介绍，刘备收他做了养子。建安十二年（公元 207 年），刘禅出生了，刘备有了自己的亲生儿子，对待刘封可能就不像以前那么亲近了。特别是建安二十四年（公元 219 年），也就是我攻打房陵、上庸的这一年七月，刘备在夺取汉中后，自称汉中王，并将刘禅立为王太子。这么一来，刘禅理所当然成为刘备未来的接班人，刘封彻底没戏了。基于这一点，刘封心里有些情绪。另外，刘封这个人性格刚烈，武力过人，他凭借自己的特殊地位，除了刘备，谁也不放在眼里，连诸葛亮也畏惧他三分。刘封的性格跟关羽有些相似，关羽骄傲自大，目中无人，刘封也是这个德行。当时，关羽围攻樊城，命令我们出兵相助，但刘封只听刘备的命令，没有刘备的命令，他不会出兵。

问：他不出兵的理由是房陵、上庸和西城刚刚平定，政局还不稳，不能轻易出兵？

答：这个理由看起来很有道理，但实际上都是托词。刘封的心理非常复杂，我觉得他主要是跟刘备赌气，所以不肯出兵。

问：刘封跟你的关系如何？

答：像刘封这样的人，能把我当人看吗？他顿不顿就欺负我，差一点就在我头上屙屎撒尿了。在他手下，我受了太多的屈辱，我实在无法忍受了。

问：你为什么要叛刘降曹？

答：关羽被东吴兵所杀，刘备肯定不会放过我和刘封。说实话，不出兵救助关羽，主要责任者是刘封，因为我没有决定权。但刘备会考虑这些吗？绝对不会。如果关羽不死，什么事都好说，关羽一死，我就是有天大的冤枉，也脱不了干系。等刘备追究责任的时候，说不定刘封让我做替罪羊。到那时，我必死无疑。黄初元年（公元 220 年）正月，曹操死于洛阳，曹丕做了魏王。到了七月，我越想越害怕，于是给刘备写了一封信，就投奔曹丕去了。实际上，投奔曹丕，我并非心甘情愿，而是迫于无奈，是刘备父子将我逼上了反叛之路。

问：曹丕对你怎么样？

答：曹丕刚当上魏王，正是树立威信的时候，他见我来投奔他，真是喜出望外。曹丕亲自接见我，跟我进行了亲切交谈。他还跟我开玩笑说："你不是刘备派来的刺客吧？"曹丕对我非常信任和器重，外出的时候，不是跟我手拉手，就是让我跟他同坐一辆车，并任命我为散骑常侍、建武将军，封我为平阳亭侯。不仅如此，曹丕还将房陵、上庸、西城合并，设立新城郡（治所在今湖北房县），让我担任新城太守，实际上把曹魏西南的军政大权都交给了我。曹丕手下的谋士刘晔劝曹丕不要重用我，但曹丕没听。接着，曹丕命令征南将军夏侯尚、右将军徐晃跟我一同攻打刘封。

诸葛亮借刀杀人

问：你们攻打刘封，结局怎样？

答：夏侯尚是名将夏侯渊的侄子，很能打仗，而且与曹丕的关系很铁。右将军徐晃就更不用说了，是名将中的名将。当然，我也不是草包，论文论武都不差。我们出兵攻打刘封，他即使再勇敢，也不是我们的对手。为此，我给刘封写了一封信，劝他主动投降。如果拒不投降，一旦城破，他的脑袋势必搬家。如果他逃回成都，刘备也不会放过他，照样要他的小命。但是，刘封不听。

西城太守申仪是一根墙头草，哪边风大往哪边倒。他眼看大兵压境，刘封危在旦夕，就急忙背叛了刘封，调转枪头袭击刘封。结果，刘封见大势已去，就狼狈逃回成都去了。上庸太守申耽见独木难支，也只好举手投降。

问：申耽、申仪反复无常，曹丕是如何安排他们的？

答：申仪属于主动反正，曹丕任命他为魏兴（曹丕改西城郡为魏兴郡，取魏国兴旺发达之意）太守，并封他为员乡侯。而申耽则属于被动反正，曹丕剥夺了他的太守之权，只给了他一个怀集将军的空号，让他到南阳居住。

问：刘封的结局跟你判断的一样，你还是善于分析问题的。

答：刘备将关羽的死怪罪于刘封，再加上诸葛亮火上浇油，刘备就让刘封自裁了。

问：以后几年，你没有再打仗？

答：新城郡和魏兴郡处于蜀汉和魏国的边界地区。刘备称帝后，一心要为关羽报仇，战事在刘备与孙权之间展开，魏国赢得一个相对和平的时期。刘备死后，魏国和孙权产生摩擦，但战事不在我们这里，所以我好几年都没有打仗。

问：后来，你怎么想到又要叛魏归蜀？

答：曹丕活着的时候，对我非常信任，但曹丕一死，曹叡继位，情况就大不一样了。当时，我与魏兴太守申仪不和，申仪经常向朝廷告我的黑状，说我跟蜀汉眉来眼去，一心想归顺蜀汉。这些黑状到了朝廷，曹叡会怎么想？申仪虽然有过叛魏的经历，但他本身就是魏国的官员，而我是什么？我就是一个降将而已。遇到这种情况，曹叡会相信谁？以前，我跟夏侯尚、桓阶（魏国尚书令、侍中）关系很好，如果他们活着的话，可以为我说话，但现在他们都已故去，没有人再为我说话了。

问：你是担心曹叡不信任你？

答：给了谁也会担心的。起初，曹叡是不相信我有二心的，但在这节骨眼儿上，诸葛亮给我来了几封信，更增加了朝廷对我的怀疑。

问：诸葛亮给你写信干什么？

答：他劝我叛魏归蜀。

问：诸葛亮为什么要这么做？

答：魏国太和元年（公元 227 年），也就是蜀汉建兴五年，诸葛亮在平定南方的孟获之后，集中精力开始伐魏。这年三月，诸葛亮进驻汉中，积极进行战前准备，试图一举先拿下长安，然后再拿下洛阳，消灭魏国，实现刘备生前的遗愿。

诸葛亮要拿下长安，我所在的新城对他构成很大威胁。因为我随时都可以北上救援长安，或者在中间拦截他们。诸葛亮知道我很会打仗，又联想到我曾经杀了他的大姐夫蒯祺，论公论私，他都有除掉我的必要。在魏国对我产生怀疑的情况下，诸葛亮就采取了借刀杀人之计，要利用魏国之手将我除掉。他三番五次给我写信，让我重新回到蜀汉的怀抱。本来，这是一件非常机密的事情，但诸葛亮却故意派人将这个机密大事透露给申仪。诸葛亮为什么不透露给别人，而单单要透露给申仪呢？他的险恶用心非常明显，就是让申仪向朝廷报告这个秘密。所以，诸葛亮劝我反正是假，要我的性命是真。他的这种手段，不排除有以公报私之嫌。

问：你确实有叛魏归蜀的心思吗？

答：事情到了这个地步，我已经没有选择的余地了。如果反正，我回到蜀汉，也会死在诸葛亮手里；如果不反，魏国朝廷已经掌握了我跟诸葛亮书信来往的证据，他们照样会杀我。所以，反和不反，我都是死路一条。诸葛亮的这一计策太毒了。

另外，司马懿还派他的手下来新城调查我，并劝我入朝。你想想，如果我入朝，还能活命吗？

问：你既然无路可走，为什么不及时动手？

答：就在我要动手的时候，司马懿给我来了一封信。他在信中说，蜀人对我恨之入骨，诸葛亮也想除掉我，但苦于没有办法，所以用了这条毒计。诸葛亮是个谨慎之人，怎么能轻易泄露如此重大的秘密？很明显，他想离间我与魏国的关系，让我千万不要相信诸葛亮的鬼话。

看了司马懿的来信，我觉得朝廷对我还是信任的，尤其是司马懿，已经看穿了诸葛亮的诡计，所以我就有些犹豫了。

问：你不知道这也是司马懿的诡计吗？

答：我确实上了司马懿的当。当时，司马懿驻扎宛城（今河南南阳市宛城区一带），他用书信将我稳住，却火速带兵，倍道兼行，仅用八天时间就到了新城。宛城离新城一千二百里，我没有想到司马懿来得这么快。

问：你是判断失误吗？

答：是的。即使司马懿知道了我的反意，按常规他必须向朝廷请示，等得到朝廷的答复之后，才可以向新城出兵。这样，往返时间至少也得一个月。但是，司马懿根本没有向朝廷请示，直接就向新城出兵了。

问：司马懿围攻新城的时候，诸葛亮没有出兵救你吗？

答：没有。他早就想除掉我，怎么会出兵救我？司马懿围城十六天，诸葛亮一直按兵不动，持观望态度。他虽然也派了部分军队到西城，但主要不是救我，而是坐山观虎斗，想坐收渔翁之利。

问：你是不是误会诸葛亮了？

答：没有。自从我杀死他大姐夫蒯祺后，他就对我一直耿耿于怀。

在南下平定孟获的时候，诸葛亮就对蒋琬和费诗说，等回到成都后就给我写信。费诗说，孟达那小子是个反复无常之人，丞相为什么要给他写信？诸葛亮默然不答。他之所以不回答费诗的问题，就是因为他心中有不可告人的目的。

问：在生死存亡的关键时刻，你的外甥邓贤和部将李辅为什么会背叛你？

答：论兵力和智谋，我肯定不是司马懿的对手。这一点，不仅我知道，我的部将都明白。在关键时刻，邓贤和李辅被司马懿收买，出城投降了。人总是想求生的，他们不想跟着我送死，所以选择了投降。当然，站在魏国的角度讲，他们的举动是正义的，站在我的角度讲，他们是可耻的。因此，看问题不能一概而论，不同的角度有不同的结论。

问：你对自己的人生悲剧有何感想？

答：我被刘备父子逼上叛蜀降魏之路，后来又被诸葛亮采用借刀杀人之计丢掉性命。人们常说，命运掌握在自己手里。但是，我认为人的命运往往掌握在别人手里，自己是无法主宰的。这就是我的感想。

第七章

曹操：人才是最大的财富

我保护了汉献帝

问：受《三国演义》和一些戏曲的影响，人们一直认为你是白脸奸臣，你承认吗？

答：冤枉，我实在冤枉！我不是奸臣！

问：为什么？

答：如果我是奸臣，那刘备是不是奸臣？孙权是不是奸臣？我没有当皇帝，反而成了奸臣，刘备和孙权都先后当了皇帝，他们不是奸臣？这世界也太不公平了吧！

问：但事实是你欺负了汉献帝，而刘备和孙权没有，这一点你承认吧？

答：不承认。我没有欺负汉献帝，是我保护了汉献帝。如果不是我的保护，汉献帝恐怕早就死了。而刘备和孙权都欺骗了汉献帝，要说奸臣，他们才是最大的奸臣。

问：他们怎么欺骗了汉献帝？

答：刘备口口声声说是大汉的宗室后代，可他一生没有为汉室做过一件有益的事，反而背叛了汉献帝，私自拉起队伍，扩充实力，疯狂争抢地盘，最后做了皇帝。而在孙权眼里，天下早就没有皇帝了，也不存在什么大汉。他割据江东，跟我和刘备争抢地盘，一心为自己着想，他纯粹就是一个地方军阀。

问：你挟天子以令诸侯，后来又杀了董贵人和伏皇后，甚至连伏皇后生下的两个儿子也杀掉了，这不是欺负皇帝是什么？

答：在天下大乱的情况下，我从军阀手中将汉献帝抢了出来，安排到比较安全的许昌，这才保住了他的一条性命。有人说我挟天子以令诸侯，这纯粹是诬陷，是嫉妒。我命令谁了？谁又听我的话了？袁绍听吗？袁术听吗？刘表刘璋听吗？刘备孙权听吗？没有一个听我的，他们都跟我对着干，谁也想吃掉我。所以，挟天子以令诸侯是不存在的。

至于杀死董贵人、伏皇后，那是她们咎由自取。董承勾结刘备等人要干掉我，伏皇后勾结她父亲伏完也要干掉我，我不能等死吧！

问：汉献帝好歹也是大汉的皇帝，可你却软禁了人家，这不是一个臣子应该干的事啊？

答：汉献帝是个不错的人，但他能力太差，掌控不了大局，要不是我维持局面，大汉早就完蛋了。但是，汉献帝不识好歹，认为我专权，竟然勾结刘备、董承等人要阴谋除掉我，我不杀他就很够意思了。再说，我也没有软禁他，只不过在他身边安插了许多耳目，监视他的行动罢了，我担心他再有什么企图。他还是有许多自由的。

问：你承认自己专权，但不承认是奸臣，这不是互相矛盾吗？

答：如果说凡是专权的大臣就是奸臣，那诸葛亮专权不专权？按照这个逻辑，诸葛亮也是奸臣。

问：诸葛亮跟你不同，诸葛亮是忠于皇帝的，你忠于皇帝吗？

答：是的，诸葛亮表面上是忠于皇帝的，可刘禅在他眼里狗屁不是，大事小事都由他做主，刘禅算什么皇帝？所以，诸葛亮忠于皇帝只是一种假象，他把天下人都忽悠了。如果说专权的话，诸葛亮比我更专权。第一，我没有杀掉汉献帝；第二，我没有改朝换代当皇帝，所以我不是奸臣。

问：你说的很多都是事实，可人们为什么把你当作奸臣呢？

答：人们都是同情弱者的，汉献帝太弱，我太强了，所以人们同情汉献帝，不同情我。太强势的人总会引来人们的非议，任何时代都是这样，很正常。

我还可以举几个例子。黄巾之乱爆发后，冀州刺史王芬等人勾结地方豪杰要发动政变，废掉汉灵帝。他们想拉我入伙，被我严词拒绝。汉献帝即位不久，朝政大权由董卓把持，袁绍等人要阴谋废掉汉献帝，立幽州牧刘虞为帝。袁绍也想拉我跟他们一起干，我坚决反对，不同意废掉汉献帝。我对他说，现在天下已经够乱的了，年幼的皇帝被奸臣控制，一旦再立一个新君，天下就更乱了。如果你坚持要立刘虞，那是你的事，我是坚决要服从汉献帝的。后来，黄巾军写信让我当皇帝，被我臭骂一顿。李傕等人祸乱长安时，汉献帝一行狼狈逃命，很多人不管汉献帝的死活，只顾趁火打劫，是我在危难之中解救了汉献帝。建安二十四年（公元 219 年），孙权不怀好意地上表称臣，许多人也劝我当皇帝，我坚决不答应。你说，我是奸臣吗？所以，舞台和艺术作品中的曹操不是我本人，要想真正了解和认识我，希望大家好好读一读《三国志》。

随机应变不等于奸诈

问：在人们的印象里，你是一个非常狡猾和奸诈的人，这一点你应该承认吧？

答：又是偏见！我非常纳闷，人们评价一个人，为什么总要以偏概全，而不能客观一些呢？千百年来，我们总要把一些历史人物分为“正面人物”和“反面人物”，给他们戴上“好人”和“坏人”的帽子，好像“好人”所做的一切都是好的，“坏人”所做的一切都是不好的，这难道客观公正吗？举一个例子，如果一个“好人”很有头脑，善于审时度势、随机应变，又很有谋略，人们就会说这个人很有智慧，比如诸葛亮；相反，如果一个“坏人”同样很有头脑，同样善于审时度势、随机应变，同样很有谋略，人们却认为这个人非常狡猾，非常奸诈，比如我。在人们的印象里，我是一个十足的“坏人”，所以他们把我的聪明智慧、把我的随机应变统统认为是狡猾和奸诈，这是让我十分费解的事情。如此评价人物，不仅是一种偏见，而且是一种悲哀。

问：你小时候就非常狡猾，有一次装作中了风，结果把你父亲和叔父都骗了，你天生就是这样的人吗？

答：我小时候确实很调皮，比较放荡不羁。我叔父就经常跟我父亲讲，要好好管教管教我，不要使我成为一个浪荡子。对于叔父的好意，我有一种强烈的逆反心理，就想整治他一下。有一次，我在路上碰上了叔父，就装作中了风。叔父赶紧告诉了我父亲，父亲把我喊回家，见我好好的，就问我说，你叔父说你中了风，现在好了？我说，我根本没有中风，是叔父不喜欢我才骗您老人家的。从那以后，叔父再向父亲告我的状，父亲就不相信叔父的话了，我也可以继续肆无忌惮地到处游荡了。这不叫狡猾，这叫机智，或者叫策略。一个人要干点大事，没有机智和策略是不行的。

问：董卓拥立汉献帝后，提拔你当骁骑校尉，想与你共事，但你却改名换姓跑了，你为什么要这么做？

答：当初，大将军何进和袁绍密谋要铲除宦官，于是召董卓进京。我听说这件事后，就预感到何进要失败了。为什么呢？如果要铲除宦官，只需几个狱吏就办了，何必要兴师动众招揽外面的将领呢？铲除宦官是秘密行动，你这样兴师动众，秘密也就不成为秘密了，岂能不败？后来的结果跟我想的一样，何进不仅没有除掉宦官，反而被宦官杀了。我之所以预见到何进要失败，就是我能把复杂问题简单化，能够当机立断。而何进却把简单问题复杂化，最终招来杀身之祸。所以，透过现象看本质，这是一个人的能力问题。我有这方面的能力，而何进没有。

董卓提拔我当骁骑校尉，我为什么不干呢？道理还是一样，我预见董卓终究还是要失败的，所以我不跟他干。我做出这样的决定，不是我狡猾，而是我有远见。

问：你怎么看出董卓会失败？

答：董卓是个非常残忍嗜杀的人，这样的人迟早要失败。我就是从这一点看出来的。善于识人也是一种本领，更是一种智慧。如果你连一个人的本质都看不清，你本身就是一个糊涂蛋。一个糊涂蛋能干什么？什么也不能干。

问：你在东归途中杀了吕伯奢全家，并留下了“宁我负人，毋人负我”的千古名句，你是不是太残忍了？

答：现在回想起来，确实有些后悔。当时我违背了董卓的意志，心里十分害怕，我害怕吕伯奢的家人抓住我去请赏，所以就将他们杀了。不过，这属于误杀，我不是故意杀人。至于“宁我负人，毋人负我”这句话，确实是我当时的想法，因为保命要紧。

问：《三国演义》里说你要借献刀之际刺杀董卓，有这回事吗？

答：没有，这是他们的虚构，是他们为了说我是狡猾的人而编造的。

问：你在濮阳跟吕布大战，结果兵败负伤，险些丧了性命，是你依靠自己的狡猾才得以逃脱，能说说具体经过吗？

答：我希望你不要再用狡猾这个词。我靠的不是狡猾，而是随机应变。当时，鄄城是我的暂时根据地，吕布来攻，没有攻下，这小子就屯扎到濮阳。濮阳离鄄城很近，如果不赶走吕布，我睡觉都不安心。吕布有勇无谋，我打心里瞧不起他，于是就率部进攻濮阳。濮阳有一个姓田的大户，答应与我里应外合攻破濮阳。当我杀入城中的时候，才知道上了这个田氏的当，想撤退，但已经来不及了。吕布率部杀来，我也被大火烧伤，难以逃脱。正在这时，吕布杀到我跟前，问我说，曹操在哪里？我想，这小子肯定不认识我，于是就忽悠他说，前面骑黄马的那个人就是。吕布这个笨蛋信以为真，就丢下我，追赶前面骑黄马的那个人去了。当时，城门处的大火烧得正旺，我赶紧骑着马，突火而出，总算保住了一条性命。这是狡猾吗？这是随机应变、急中生智。如果当时承认自己就是曹操，那自己不成傻瓜了？

问：不是我说你狡猾，是大家都这么说的，吕布不也说你诡计多端吗？

答：刚才我说了，吕布有勇无谋，根本斗不过我。我善于谋略，而吕布没有这个才能。双方交兵都要使用计谋，怎么用在我身上就成了诡计呢？我很讨厌用这样的贬义词来说我。

问：有人说你“割发代首”是作秀，是一种诈术，你觉得呢？

答：这又是一种误解。头发在那时是一个人尊严和地位的象征，只有奴隶才留短发。谁要是欺负了一个人的头发，那就是对这个人最大的侮辱。另外，当时还有一种刑罚叫“髡(kūn)刑”，是一种耻辱刑，就是将部分或全部头发剃掉。这种刑罚处罚的不是人的肉体，而是人的心灵。要知道，心灵的痛苦有时候比肉体的痛苦还要厉害。在今人看来，头发已经不那么重要了，但在那时候不一样。所以，我“割发代首”不是作秀，更不是诈术，而是一种自责，是一种表率。当领导的就要敢于自责。

问：你在与袁术作战时军粮短缺，为了稳定军心，你让粮官欺骗了将士，后来为了平息众怒又杀了这个粮官，这也是随机应变吗？

答：我做得确实有些残忍，但这是不得已的事情。诸葛亮为了推卸责任，不是把马谡也斩了吗？都是一种策略。

问：马谡有罪，理当问斩，可那个粮官有什么罪？

答：欲加之罪，何患无辞？很多事情是不以人的意志为转移的，俗话说人在官场，身不由己，谁没有干过违心的事？不过，现在我非常后悔，我不该那样做。

我的心胸像大海一样辽阔

问：人们对你确实有很多误解，不应该把你当作奸臣，一个奸臣手下能聚集那么多人才吗？

答：所谓奸臣，都是小人，但我不是小人，我是光明磊落的大丈夫，我的心胸像大海一样辽阔，能容得下任何对我有用的人。比如，刘备投奔我的时候，程昱就劝我说，刘备是个有雄才的人，迟早不会屈居人下，不如趁早将其干掉。正是因为刘备是个人才，我才没有听程昱的话，将刘备留在了身边。对待关羽就更不用说了，我明明知道关羽留不住，但还是想用真诚挽留他。如果我是一个心胸狭窄的人，刘备和关羽早就被我杀了。

问：张绣跟你有杀子之仇，但他投降后，你不但没有杀他，而且与他结为儿女亲家，你难道真的不恨他吗？

答：张绣这个人反复无常，多次投降又多次反叛。我的儿子曹昂、侄子曹安民、大将典韦都死在他的手下。按说这是血海深仇，不可不报，但我爱惜他是个人才，所以没有杀他，还让我的儿子娶了他的女儿。这就是我的胸怀，换了别人，早就将张绣杀了。

问：你手下有一个叫毕谌的人，后来背叛了你，你却没有杀他，还让他做了官，这是为什么？

答：事出有因。张邈和陈宫背叛我后，在东平劫持了毕谌的家人。为了营救他的家人，我让毕谌回东平去，他就到东平归附了张邈。打败吕布后，我生擒了毕谌，许多人以为我一定要杀掉毕谌，但我没有。毕谌是为了救他的家人才归附张邈的，这属于万不得已。对于这样一个仁孝之人，我怎么能杀掉呢？所以，我不仅没有杀他，还让他继续做官。陈宫也是一个难得的人才，他虽然背叛了我，但我还是不想杀他，想留用他。陈宫是个大丈夫，他不肯用屈服来保全性命，决意要死，我拉都拉不住。他死后，我十分难过，负责养活了他的老母和其他家人。

问：你手下还有一个叫魏种的人，同样背叛了你，你也没有杀，这是怎么回事？

答：魏种是我在兖州的时候看中的一个人。张邈等人在兖州背叛我后，我曾经很自信地对人说，兖州发生了叛乱，别人都可以背叛我，唯有魏种不会背叛我。但事实恰恰相反，魏种也叛逃了。当时我非常生气，发誓说，除非你魏种逃到南越或者北胡，否则我决不会放过你小子。等我攻下射犬（故地在今河南省沁阳县）之后，魏种被我活捉，我改变了主意，让他担任了河内太守。我为什么要这么做呢？第一，张邈背叛我后，当地许多郡县纷纷响应，那是大势所趋，魏种叛逃情有可原；第二，魏种的确是个人才，所以我不计前嫌，保留了他的性命，并委以重任。

问：你在小沛击败刘备，俘获了他的家属，但并没有加害，反而下令加以保护，这是十分难得的，你怎么能做到这一点？

答：当初，刘备投奔我后，我对他相当好，但正如程昱所说的，刘备不会久居人下，所以他趁机跑了。跑就跑了吧，我也没有太追究。但当我得知他与董承等人密授了“衣带诏”要谋害我后，我就有些生气了。刘备简直就是个白眼狼嘛，我对他那么好，他却要害我，所以我一定要教训他一下。刘备根本不堪一击，我的军队一到小沛，他就扔下家属跑了。我之所以没有杀害他的家属，就是因为我胸怀宽广，他的家属毕竟是无辜的。后来，我干脆将刘备的家属全部放了。对此，我感到很欣慰，没有大胸怀和大智慧的人是做不到这一点的。

问：许攸是袁绍的重要谋士，他投奔你的时候，许多人都怀疑他是诈降，唯独你不相信，难道你真的不怕被许攸忽悠了吗？

答：不是，我跟大家一样，心里还是有疑虑的。不过，我跟许攸小时候就是好朋友，彼此都有一定的了解，他跟我之间并无私怨。当我跟袁绍在官渡相持的时候，军粮严重短缺，仗没法打，我准备要退兵了。在这节骨眼上，许攸来了。我想，不管他是真心也好，还是假意也罢，只能赌一把了。于是，我热情接待了他。其实，许攸也知道我怀疑他，我们谈话的时候，他问我的军粮还有多少，我说军粮充足，吃一年没问题。他不相信，再次问我，我说能吃半年。他还是不相信，第三次问我，我才说了实话。也就是说，许攸对我军中的情况是了如指掌的，他之所以三番五次地问我军粮的情况，就是想看看我是不是真心待他。如果我是真心的，他就会留下来帮我；如果我不信任他，他肯定不会留下。结果，我的真心解除了他的疑虑，他献了一计，出奇兵袭击了袁绍的屯粮之所，这才有了官渡的大胜。

问：官渡之战胜利后，你把很多人跟袁绍往来的书信全烧了，你是出于什么考虑才这么做的？

答：官渡之战，我军以少胜多，大获全胜。但在官渡之战以前，袁绍是实力最强的军阀，我跟他交手，严格讲并没有胜利的可能。在这种情况下，我手下的一些人为了给自己留一条后路，就偷偷与袁绍进行书信往来，他们的做法是可以理解的。换了我，我也会这么做。打败袁绍之后，我获得了这些书信，但我一封都没有看，下令全部焚烧。我觉得这样做，可以使这些人感激我一辈子，他们会一辈子死心塌地为我效劳。如果我小肚鸡肠，一个个找他们算账，那后果是什么呢？这就是我的大胸怀和大智慧。所以，愚蠢人干愚蠢事，聪明人干聪明事，只有大智慧的人才能干出大事。

问：你觉得袁绍为什么会失败？

答：袁绍的缺点很明显，一是不善于听取属下的意见，二是自己的心胸过于狭窄，这是主要的。当年我们起兵讨伐董卓的时候，他就问我说，如果讨伐董卓不能成功，以后该怎么办？我反问他有什么打算，他的打算是向南占据黄河，向北阻挡燕国、代国，征伐北方戎狄，然后南下争夺天下。从那时起，我就看出袁绍的胸怀不够宽广，战略眼光太短，最终成不了大器。而我的打算跟他不同，我说，用天下人的智慧和力量，用道义来征服天下，那就会无敌于天下。我当了大将军后，袁绍的心理很不平衡，不愿意在我之下，我就把大将军这一职位让给他了。这就是一个人的胸怀和境界问题。一个人如果总是患得患失，计较一时的名誉地位，怎么能成就大事？

问：你在每次决策之前，都要认真听取各方面的意见，你不怕有“软耳朵”之嫌吗？

答：一个人的能力再强，必定是有局限性的。要干大事，就必须依靠大家的智慧。兼听则明，偏信则暗。不管你的地位有多高，权力有多大，总有不如别人的地方。善于听取属下的意见，这是一个领导者必备的素质，如果没有这个素质，你就算不上一个好领导。凡是成就大事的人，哪一个不是从谏如流？许多当领导的自以为是，觉得别人都不如自己，因而显得目中无人，刚愎自用，这样的人最终成不了大事。袁绍就是这样的人。因此，虚心接受别人的意见，特别是那些反对者的意见，对一个领导者尤为重要。

问：在残酷的战乱年代，你十分关注百姓疾苦，这是其他军阀做不到的，你是想赢得民心呢，还是一直有一种亲民情怀？

答：黄巾之乱爆发后，各地的战争一直没有停止，老百姓深受其害，以致“白骨露于野，千里无鸡鸣”。对此，我感到十分痛心，所以想早日平定天下，让百姓过上安定的生活。官渡之战后，我取消了黄河以北地区当年的租赋，百姓非常高兴。人们不是说我是奸臣吗，历史上哪个奸臣是同情百姓的？没有。

问：对于降将，你都能委以重任，你不怕他们有二心吗？

答：人心换人心，黄土变成金。大海的力量为什么那么巨大，就因为大海有博大的胸怀，它不仅欢迎浩浩荡荡的江河，而且也欢迎那些涓涓细流，同时也能够容纳泥沙沉渣；至于海洋里的动物，大至鲸鱼，小至鱼虾，它统统都能接受。作为一个团队的领导者，手下应该有各式各样的人才，尽量做到人尽其能。这就需要领导者要有大海一样的胸怀，能够接纳各式各样的人才。眼里揉不得沙子，小肚鸡肠，怎么做领导？

问：赤壁大败之后，你并没有消沉下去，你怎么能做到这一点？

答：有些人失败一次就再也站不起来了，这样的人不是真正的英雄，而是懦夫。真正的英雄是不怕失败的，愈败愈强，这才是英雄本色。再说，胜败乃兵家常事，打仗总是有败有胜，我也经常打败仗，而且多次死里逃生，这没什么了不起。事实上，总打胜仗并不是什么好事，打一些败仗对人的成长有好处。我也是从一次又一次的失败中成长起来的。

我的缺点是既爱才又忌才

问：你十分爱惜人才，这是有口皆碑的，但有时候你又十分忌才，你怎么会有这种自相矛盾的性格？

答：人本身就是复杂的动物，人的性格也是复杂的。我喜欢那些德才兼备、谦虚谨慎的人才，不喜欢那些恃才自傲、有才无德的人。我杀的那几个人，都属于后者。当然，也有被我冤杀的，但为数很少。

问：你为什么杀了许攸？

答：许攸确实是个人才，他在官渡之战最困难的时候帮了我一把，使我获得了大胜，我对他心存感激。但他特别贪财，修养又太差，经常把功劳挂在嘴上，自我标榜，目中无人，甚至在一些公众场合直呼我的小名，弄得我很没面子。人都是有自尊心的，我作为一个团队的领导，自尊心受到了极大伤害，心里很不舒服。许攸不仅在我眼里是个讨人嫌，许多将领也看不惯他，所以就把他杀了。许攸的人生悲剧给我们一个启示：作为下属，不管你跟领导的关系多么亲近，都要注意尊重领导，跟领导说话要分清场合，讲究分寸。如果不分场合，口无遮拦，迟早要吃大亏的。

问：还有一个人叫娄圭，小时候跟你也是好朋友，后来一直跟随你，也是因为冒犯了你而被杀，你杀他的原因是什么？

答：娄圭跟我的关系确实不错，我经常与他商谈军国大事，他屡出奇谋，连我都自叹不如。他确实是一个难得的谋士。比如，刘表死后，刘表的儿子刘琮要投降，很多人都怀疑刘琮是诈降，我就征求娄圭的意见。娄圭分析判断说，刘琮并非诈降，而是真降。结果，娄圭的判断是正确的。因此，娄圭是个才子。有一次，我跟几个儿子出游，娄圭对人说，这家父子只顾自己快乐，哪里还顾得上别人呢？有人把他的话告诉了我，我认为娄圭是在诽谤我，一怒之下就将他杀了。现在看来，我做得太过分了，不应该杀他。这件事也给人们一个教训，就是任何时候都不要在背地里说领导的坏话，即使跟你最亲近的人也不要说。你说的坏话一旦传到领导耳朵里，后果是很严重的。

问：最冤枉的一个人叫崔琰，你为什么要杀他？

答：崔琰原来是袁绍的谋士，很有远见，给袁绍出了许多好的主意，可惜袁绍没有采纳。袁氏父子失败后，我将他任命为别驾从事，从此成为我的手下。崔琰这个人比较正直，办事公道，敢于直谏，这样的人才十分难得。我曾经让他当过曹丕的老师，而曹植是他哥哥的女婿。起初，我非常喜欢曹植，想让曹植将来接班，但崔琰却坚决反对，主张还是让长子曹丕接班。按说，曹植跟他有亲戚关系，如果让曹植接班，对他肯定有好处，但他却能从大局利益出发，不主张废长立幼，说明他没有私心，这是一般人很难做到的。对此，我对他佩服得五体投地。时间一长，崔琰的威望越来越高，往那儿一站，自有一种威严，连我都对他产生了敬畏之心。崔琰曾经推荐过一个叫杨训的人，出于对崔琰的尊重，我提拔了杨训。

后来，我当了魏王，杨训上表庆贺，说了一大堆赞美我的话。有些人认为杨训是拍我的马屁，华而不实，欺世盗名，都责怪崔琰不该举荐这样的人。崔琰知道这件事后，亲自看了那篇上表，认为人们说的并不是事实，于是给杨训写信，一边安慰杨训，一边对那些吹毛求疵的人发了一点牢骚。有人在我面前告了崔琰一状，说他在给杨训的信中居功自傲，对我颇有怨言，甚至在书信中诽谤我。我没有做任何调查，就罚崔琰去做苦工。我本来想吓唬吓唬崔琰，只要他有服软的表现，事情也就算了。但是，当我派人去看他的时候，他还跟平时一样，威严不减，而且没有一点服软的表现。当时我很生气，再加上告状的人添油加醋，说崔琰对我的做法颇有怨言，心里不服，所以我就有了杀他的念头。但是，我还是想给崔琰一个机会，只要他求饶，我就不计较了。于是，我派人去告诉崔琰，给他三天的期限，三天内如果能悔悟，事情就到此为止。但是，三天过后，崔琰仍不服软。这一下，我发怒了,看来崔琰逼得我非杀他不可了。事情到了这个地步，我也没有办法，只好赐他自裁。崔琰很有骨气，最后自杀了。

现在回想起来，我确实不应该跟崔琰顶牛角。崔琰是个宁死不屈的人，是真正的正人君子。这样的人确实难得，他死得也确实冤枉。造成这样的冤案，责任在我。第一，我当了魏王之后，权力达到了顶峰，骄傲自满的思想也日趋严重，心胸反而不像过去那么宽广了。要知道，人的思想是随着地位的变化而变化的，这时的我已经不是当初的我了。第二，崔琰在朝中的威望使我产生了一定的压力，心里有了一点点忌恨，我不希望任何人的威望等同于我，甚至超过我。第三，嫉妒崔琰的人在我面前大进谗言，火上浇油，最终酿成了这起冤案。

问：孔融是孔子的后代，是当时的大名士，你怎么也敢杀他？

答：孔融这个人跟崔琰不同，他跟许攸差不多，也是骄傲狂妄，目中无人，我杀他一点也不冤枉。

问：怎么不冤枉呢？

答：孔融最大的毛病就是自负，好像谁也不如他。自负的表现就是狂妄，狂妄的人能有好结果吗？

孔融打心眼里瞧不起我，经常讥讽我，甚至处处跟我作对。我的儿子曹丕纳了袁熙的妻子甄氏，他讽刺我；我北征乌桓，他挖苦我；为了节约粮食，我主张禁止酿酒，他却举了一大堆例子说明喝酒的好处；他与狂士祢衡臭味相投，并几次向我推荐祢衡。我出于爱才，接见了祢衡，结果被祢衡辱骂了一番。孔融这样做，就是想看我的笑话。他还和祢衡大放厥词，诽谤朝政，我不喜欢这类人，所以把他杀了。

真正的聪明人是懂得内敛的，而孔融之流却不懂得内敛，过于外露，口无遮拦，喜欢对别人说三道四，这样的人是非常可悲的。

问：杨修是名门之后，因为才能出众，被你忌恨，最后还是把他杀了，是这样吗？

答：杀杨修的因素有好几个，主要原因不是我忌才。杨修是太尉杨彪的儿子，杨彪始终拥护汉献帝，一直对我不满。他跟我不是一个阵营的人，我曾经想杀他，是孔融劝阻，我才没有杀他。对于杨修，我还是很重用的，让他做了主簿。换了别人，能重用一个政敌的儿子吗？不能。杨修如果把他的才能用在正经地方，我不会杀他。但是，他在背地里干涉我的家事，要谋立曹植为将来的接班人。一开始，我是看好曹植的，但后来发现曹植过于骄纵，跟许攸、孔融之流差不多，我就不喜欢曹植了，决定还是让曹丕来接班。杨修跟曹植合伙演双簧来骗我，这是我不能容忍的。我喜欢光明正大的人，不喜欢人在背后搞阴谋诡计。另外，杨修是袁术的外甥，有了这层关系，我就更加讨厌他了。如果让他活着，终究是个祸害。基于以上原因，我就把杨修杀了。

德才兼备得益于终身学习

问：你是大家公认的政治家、军事家和文学家，从个人素质来说，刘备和孙权跟你是无法相比的。你能谈谈其他方面的才能吗？

答：人们只知道我懂政治、会打仗，还能写点诗歌，很少有人知道我其他方面的才能。其实我在书法、音乐和围棋等方面也不差。东汉时期的崔瑗、张芝，崔瑗的儿子崔寔（shí）、张芝的弟弟张昶都是当时著名的草书大家，我的草书可以跟他们媲美。桓谭、蔡邕是当时著名的音乐家和演奏家，山子道、王九真、郭凯等人是当时的围棋高手，我的水平跟他们不相上下。另外，我还懂得养生和中药学，也懂得方术，左慈、华佗、甘始、郄（qiè）俭等名人都跟我有过来往。

问：顺便问一下，你为什么要杀华佗？

答：我杀华佗不是《三国演义》所说的怀疑他要害我，而是因为他欺骗我的缘故。华佗的医术确实高明，他为我治过头疼病，效果很好。我想把他长期留在身边，但他不愿意。他的志向是云游天下，为百姓治病。后来，他以妻子有病为由回家，我数次写信请他回来，并多次派人去催促，但他始终不肯回来。我最讨厌别人骗我，不给我面子，所以一怒之下将他杀了。杀了华佗是我的罪过，我非常后悔。如果不杀华佗，他会解除多少病人的痛苦、挽救多少人的生命啊！如果不杀华佗，我的儿子曹冲也不会活活病死。

问：也就是说，你不仅是出色的政治家、军事家、文学家，也是出色的书法家、音乐家和围棋高手，而且在养生、中医、方术等方面有很深的造诣，你怎么会有这么多才能？

答：两个字：学习。任何东西都是靠学习得来的，要想成为一个有作为的人，就必须重视学习，善于学习，终身学习。有些人年青时候学了一点东西就自我满足，以后放松了学习；有些人当了领导之后，由于事务繁忙等原因，也不那么学习了，其实这都是不应该的。我从中平六年（公元 189 年）起兵，到建安二十五年（公元 220 年）病逝，三十余年戎马倥偬，始终没有放松学习。只要一有空，我就能做到手不释卷，秉烛夜读。一些领导抱怨事务繁多，没有时间学习，其实这都是借口。只要你愿意学，时间总还是有的。

　　我的儿子曹彰是一员猛将，但不喜欢看书学习。我曾经批评他说，你不看书学习，将来只能做一介武夫。

问：你用兵如神，具有高超的指挥艺术，你是怎么做到学以致用的？

答：学习的目的就是应用，单纯的学习是没有价值的。我在研究学习前人兵法的基础上，结合自己的实践，撰写了十几万字的兵书，用来指导军事行动，效果很好。所以，学习不能照搬别人的东西，要把别人的东西变成自己的东西，这就是一个创新问题。任何一个军事家都不是靠照搬兵书来打仗的，因为战场形势千变万化，指挥者就应该随着战场形势的变化而不断改变自己的部署。一味地照搬兵书，肯定要吃败仗。历史上的赵括就是一个照搬兵书的人，所以他打了败仗，给后人留下了笑柄。

问：据说你箭术也相当了得，还会设计制造兵器，这是真的吗？

答：是真的。我手射飞禽走兽，基本上百发百中。我曾经一天射中六十三只（头）野鸡等猎物，没有高超的箭术是不可能的。当然，这样的箭术不是天生就有的，而是靠勤学苦练得来的。台上一分钟，台下十年功，说的就是这个道理。我不仅会设计制造兵器，而且还能设计宫室，这都是我善于学习的缘故。当领导的多一个技艺没有坏处，都能在实际中发挥作用。

问：你位高权重，但却十分崇尚节俭，你怎么会有这样的修养和品德？

答：说到底，还是得益于学习。人的修养和品德是在不断的学习中逐步养成的，不是说你读了几本书，修养就高了，品德就高了，不是这样。历朝历代为什么会出现那么多贪官污吏，主要原因就是他们的修养不够，品德不高。而究其根源，就是这些人不注重学习。一个人不注重学习，就会显得无知，甚至愚蠢，就会干出违背道德的事情来，因而遭到老百姓的唾骂。

按说，我位高权重，完全有资格在生活上奢侈一点、浪费一点，但我讨厌奢侈，讨厌浪费，一直主张勤俭节约。因为我深知，老百姓的生活很苦，如果当官的搞奢侈浪费，那就是对百姓的犯罪。所以，我以身作则，先从自己做起。我的子女成婚，一律按普通的标准办理，不超规格，不摆排场，不炫耀权贵。我的女儿出嫁，我给她的嫁妆都是黑色粗糙的帷帐，不送华丽的绸缎。同时，我对后宫人员的生活也作了严格规定。比如，女人不能穿华丽新潮的衣服；帷帐屏风坏了，要修补后继续使用；床上用品一律不准修饰……我之所以这样做，就是要扭转一下当时追求浮华的不良社会风气，尽量减轻百姓的负担。

问：东汉末年，王公大臣都不愿意穿官服，而以戴幅巾（头巾）表示一种儒雅，你为什么不肯随波逐流？

答：确实是这样。不仅士大夫们喜欢戴幅巾，就连袁绍等统兵将帅也都戴着华丽的幅巾。做幅巾要浪费很多布，而当时战乱频发，各种物资十分匮乏，百姓连衣服都穿不上，有钱人却如此奢侈，我实在看不惯，所以不肯随波逐流。再说，一个人儒雅不儒雅，不是戴一个华丽的幅巾就能表现出来的。儒雅是一个内在的东西，是一种气质，也是一种修养，靠外表是无济于事的。

问：你不爱财吗？

答：钱财乃身外之物，够用就行了，多了则没有好处。在多年的战争中，我军每次取得胜利，我都把俘获的精美之物赏给有功将士，从不装自己的腰包。我的原则是赏罚分明，该奖赏的不吝千金，不该奖赏的分文不给。同时，对于各地进献的东西，我都会与大家分享，从不自己独吞。

问：你一贯执法严格，不畏权贵，你不怕得罪人吗？

答：一个人公道不公道，不仅体现在平时，更体现在关键时刻能不能严格执法。举一个例子，我早年曾担任过洛阳北部尉，负责管理京城的四个城门。当时规定，京城夜间不准人随便在街上行走，如有违犯者，一律乱棍打死。汉灵帝身边有个宠信的宦官叫蹇硕，在当时是个大红人。蹇硕的叔父违犯了禁令，我立即下令将其正法。从此以后，没有人再敢违犯禁令了。当然，我的做法引起了汉灵帝身边一些人的痛恨，他们想整治我，但抓不到把柄，因为我是秉公执法的。我不怕得罪任何人，尤其是一些权贵。这就是我的性格。

再举一个例子。我在当济南相之前，那里的社会风气非常糟糕。一些县级官员贪污受贿，依附权贵，为非作歹，根本不把国家法令放在眼里。我上任之后，对那些违法官员一律进行了惩处。有些坏人知道我执法严格，所以早早地就逃跑了。另外，西汉初年，城阳王刘章因为对汉室有功，朝廷在他的封国（城阳国）为他建立了祠堂。于是，青州各郡争相效仿，济南尤其严重，所建的祠堂多达六百余座。每年进行的祭神祭鬼等活动，给国家造成巨大浪费。一些有钱人更是奢侈腐化，挥金如土，而老百姓却在死亡线上挣扎。我到任之后，将那些违法建立的祠堂全部拆毁，禁止任何人再进行祭神祭鬼等类似的迷信活动。我这样做，都是为国家和百姓着想的。

问：你对别人能严格执法，对自己的家人呢？

答：一视同仁。有一次，我的儿子曹植私自乘车闯入皇宫的外门，我照样给了惩处。曹植的妻子穿华丽的衣服，违犯了制度，我严格执法，赐她自杀。

问：你重用人才，但从来不任人唯亲，你怎么能做到这一点？

答：干事业靠的是人才，而不是奴才。如果任人唯亲，怎么能干出一番事业？我有一个小舅子叫卞秉（卞夫人的弟弟），一直担任别部司马（大将军的属官）。后来，我的夫人卞氏多次向我提出请求，希望能进一步提拔她弟弟卞秉，但每一次都被我拒绝了。卞夫人求官不成，又为他弟弟求财，希望我能给她弟弟一些钱财，同样被我拒绝。一个人的能力有多大，最适合干什么，我心里是有数的，包括我的小舅子卞秉。我用人的原则就是量才使用，人尽其能，任何人不能例外。

问：你给自己准备的寿衣只有四小箱子，有人说你这样做是怕将来被盗墓，这是真的吗？

答：这是以小人之心度君子之腹。丧事从简，不要浪费，这是我的真实想法。如果我平时是一个追求奢侈华丽的人，别人怎么说我，我都认了。但是，我平时是崇尚节俭、讨厌奢侈浪费的，我为什么要在死后来追求这些虚华的东西呢？

问：你成功的秘诀是什么？

答：人的成功分两种，一种是小成功，一种是大成功。小成功靠自己，大成功靠团队。我成功的最主要秘诀就是不拘一格用人才。不管什么时候，人才是最大的财富，小到一个家庭，大到一个国家，没有人才就不会兴旺发达。我身边聚集了大批人才，所以我能成功。

第八章

董卓：多行不义必自毙

问：你立了汉献帝，又不忠于汉献帝，这是为什么？

答：东汉末年，政治腐败，天下大乱，人心浮动，社会公德丧失殆尽。在这样的社会环境下，一个好人可以变为坏人，一个坏人可以变得更坏。那时候，我并不在政治的漩涡之中，大将军何进要诛杀宦官，召我进京，使我的人生出现了转机。何进死后，我把持了朝政，废掉汉少帝，立了汉献帝。我之所以要重新立一个皇帝，就是想通过这个手段，掌握更大的权力。汉献帝当时才九岁，我根本看不起这个娃娃。所以，我并不是真心拥立汉献帝，而是为了我自己的私欲。

问：你觉得你能当皇帝吗？

答：在那个动乱的年代，谁都可能当皇帝。刘邦是个无赖，谁能想到刘邦会当皇帝呢？所以，社会动荡不安，人的野心就会膨胀。比如，人人不可能都发财，但人人都想发财。同样，人人不可能都当皇帝，但人人都想当皇帝。

问：你把持朝政以后，在洛阳犯下了滔天罪行，你为什么要这样做？

答：人有善的一面，也有恶的一面，这就是人的复杂性。当社会安定和谐的时候，人的善性是主流，恶人就成为过街的老鼠；相反，当社会混乱不堪的时候，人的恶性就占了上风。我的恶性大于善性，但这并不是我在洛阳犯下滔天罪行的主要原因，主要原因是我遇上了一个不好的年代，助长了我的恶性膨胀。

问：你难道不怕留下骂名吗？

答：人人都知道杀人要偿命，可还是有人要杀人；人人都知道偷抢别人的东西是犯法行为，可还是有人要偷抢别人的东西；每个官员都知道贪污受贿是犯罪行为，可还是有官员要贪污受贿……这就说明，人的恶性一旦占了上风，道德就会显得苍白无力，甚至荡然无存。我在洛阳的所作所为就说明了这一点。如果我怕留下骂名，我就不会那样做了。

问：你为什么要将都城迁往长安？

答：我把持朝政以后，为了笼络人心，没有重用我的亲信，而是重用了一批朝中旧臣。比如，我让太尉刘虞当了大司马，太中大夫杨彪当了司空,豫州牧黄琬当了司徒。我当了相国后，改任黄琬为太尉，杨彪为司徒，荀爽为司空。同时，我还让尚书周珌当了督军校尉，侍中伍琼当了城门校尉，御史中丞韩馥出任冀州刺史，侍中刘岱出任兖州刺史，孔伷（zhòu）出任豫州刺史……但是，这帮家伙上任后，却勾结袁绍起兵讨伐我，我一怒之下，就将伍琼、周珌杀了。另外，黄巾军攻破了河东，威胁洛阳，我两面受敌，所以决定将都城由洛阳迁往长安，以避其锋芒。

问：到了长安之后，你指使吕布盗掘了帝陵和公卿的坟墓，这是缺德事啊？

答：是的，我知道是缺德事，但我需要钱，没有钱怎么行？盗掘那些坟墓，就是为了得到里面的财宝。

问：杀人不过头点地，你击败孙坚的部队后，用沸腾的油膏将俘虏烧死，你为什么要采取如此残酷的手段？

答：在那种情况下，我已经丧失人性了。人一旦丧失了人性，那是最可怕的。

问：你想过没有，为什么天下人都来讨伐你？

答：一是因为我劫持了汉献帝，扰乱了朝纲；二是因为我过于缺德，干尽了伤天害理的事情。但要清楚，很多人名义上打着扶持汉室的旗号，实际上干着军阀的勾当。他们讨伐我，并不是真心为了汉室，而是为他们自己。

问：吕布跟你亲如父子，你想到会死在他的手里吗？

答：没有想到。最亲近的人，往往也是最危险的人。我跟吕布有过小小的摩擦，但我没有想到他会杀我。吕布这小子忘恩负义，不是个好东西！

问：是因为貂蝉吗？

答：不是。貂蝉是《三国演义》虚构的人物，生活中没有这个人。我身边不缺女人，不可能因为一个女人跟吕布闹翻，都是他们编造的。

问：你对你的罪恶人生有何感想？

答：还是那句话说得好，多行不义必自毙。我道德败坏，丧尽天良，死有余辜。因此，做人要有道德、有修养，要多做善事，不做恶事。不管世事如何变换，每个人都要坚守道德底线，用道德来约束自己的行为。人如果没有了道德，那就不称其为人了。

但愿每个人都能从我身上吸取教训。

第九章

袁绍：勿以成败论英雄

最得意的是成为北方最强大的军阀

问：在人们的印象中，你性格刚愎自用，优柔寡断，好像一无是处，你是这样的人吗？

答：我确实有很多性格上的缺陷，这是客观存在的，但我并非一无是处。人们之所以认为我是一个草包，是因为我在官渡大战中彻底失败了。俗话说，胜者为王败者寇。一个人如果失败了，人们看到的只是这个人的缺点，而把他的优点统统抹杀了；相反，一个人如果胜利了，人们往往只看这个人的优点，而把他的缺点统统掩盖了。世事就是这样。曹操胜利了，曹操成了英雄；我失败了，我成了狗熊。其实这都是事物的表象，评价一个人应该客观公正，不能以成败论英雄。

问：你是觉得自己也是英雄？

答：项羽最后兵败自杀，你能不承认项羽是英雄？历史上有很多像项羽一样失败的人，但他们依然是英雄，包括我本人。

我举一个例子。董卓专权乱政，天下群起而攻之。大家推我为盟主，发号施令，这是我一生中最得意的时候。试问，如果我是一个草包，大家会推举我当盟主吗？

问：一开始，各路诸侯讨伐董卓的呼声很高，为什么后来却演变为一场旷日持久的军阀混战？

答：表面上，大家的口号喊得很硬，要坚决讨伐董卓，可实际上不是这样。当时，东汉王朝名存实亡，天下无主，人心大乱，各路诸侯都想借讨伐董卓之名为自己捞一点政治资本。他们的心思根本不在董卓身上，而是在自己身上。因此，这支联军的思想基础一开始就很不牢靠，他们是怀着私心来起哄的，并不想真心与董卓交手。一支意志不统一的军队数量再大，也是一群乌合之众，根本不堪一击。各路诸侯为了各自的利益，由开始的观望最后演变成一场旷日持久的军阀混战，也就成为必然了。这就说明，任何朝代，都必须有共同的理想和追求，有共同的信仰，才能凝聚人心，取得最后胜利。理想和信仰一旦缺失，人心就散了，什么事情也干不好。

问：*你作为盟主，后来也卷入了军阀混战，这是为什么？*

答：各路军阀混战开始后，讨伐董卓的联军自行解散，我这个盟主也就没人承认了。举一个例子，冀州牧韩馥一开始就举棋不定，因为他是董卓推荐当上冀州牧的。后来，迫于形势，他只得答应出兵讨伐董卓。但是，韩馥一直对我存有戒心，怕我占了他的冀州。当时，我还没有稳固的根据地，军粮全靠韩馥供应。逐渐地，他故意减少军需供应，打算将我的部队饿散，甚至饿死。为了与董卓抗衡，我和韩馥打算立幽州牧刘虞为帝，但没有成功。对我的这一想法，人们颇有非议，以为我大逆不道，要废掉汉献帝。其实董卓当初立汉献帝，本身就是一个错误，当时我是不赞成的。我之所以要立刘虞为帝，就是觉得当时汉献帝被董卓控制，天下人心浮动，如果再立一个新君，天下就会稳定了。然而，刘虞死活不干，事情没有办成，我还落了个骂名。

我的从弟袁术与我不和，他联合公孙瓒对付我，我只好跟他们兵戎相见了。当时，公孙瓒以讨伐董卓为名进入冀州，实际上是想吃掉韩馥，占据冀州这块宝地。韩馥权衡利弊，主动把冀州让给了我，使我有了一个富足的根据地。

公孙瓒的从弟公孙越在作战中阵亡，公孙瓒把仇恨集中到我身上，并列数了我的所谓十大罪状，起兵“讨伐”我，我不得不卷入了军阀混战之中。

当时，各地军阀都在争抢地盘，你不吃掉对方，对方就会吃掉你。现实就是如此残酷，逼得你非打不行。

问：袁术为什么与你不和？

答：袁术的野心很大，他是想自己当皇帝的。他见我要立刘虞为帝，对我就不满意了。

问：你夺取冀州，在背后使了手段，韩馥是被迫无奈才将冀州让给你的，是这样吗？

答：是的。公孙瓒对冀州虎视眈眈，这是事实。当时，我在冀州是客人，韩馥是主人。为了反客为主，我的谋士逢纪给我出了个主意，让我以帮助公孙瓒夺取冀州为名，骗公孙瓒出兵攻打冀州。公孙瓒果然上当，出兵攻打冀州。这样一来，韩馥就害怕了。在这节骨眼上，我派人向韩馥陈述利害：如果真的让公孙瓒占领了冀州，韩馥必死无葬身之地；如果让我占据了冀州，韩馥则可以平安无事，照样可以享受荣华富贵，因为我跟韩馥毕竟还是朋友。这样，韩馥权衡利弊，就将冀州让给我了。

这件事也可以证明，我不是草包。

问：军阀混战的结果是你占据了冀州、青州、幽州和并州，成为黄河以北实力最强的诸侯，你是当时军阀混战最大的受益者？

答：是的。黄河以北基本上被我控制，这是我一生中最辉煌的时候，也是我一生中最得意的时候。

沧海横流尽显英雄本色

问：事实证明，你确实是个乱世英雄。你觉得怎样才能打消人们对你的误解呢？

答：人们主要还是对我了解不够。要打消对一个人的误解，办法只有一个，就是要很好地了解这个人、认识这个人。其实，我的许多英雄壮举是鲜为人知的。

问：你能具体说说吗？

答：早年，我拒绝当官，隐居洛阳，韬光养晦，结交名士，引起中常侍赵忠的警觉。赵忠说，袁绍不愿意做官，却暗地里结交死士，这小子究竟要干什么。你说，这是不是英雄壮举？还有，在宦官势力气焰熏天的情况下，我劝大将军何进铲除宦官，这是不是英雄壮举？董卓专权的时候说一不二，朝中没有人敢公开反对，但我敢。他要立汉献帝，我坚决反对，这是不是英雄壮举？他威胁我，我还是不怕，这是不是英雄壮举？

问：何进不是反被宦官杀了吗？

答：我劝何进当机立断，但他优柔寡断，不听我的劝告，这能怨我吗？

问：这些事大家都知道，还有别的英雄壮举吗？

答：初平三年（公元 192 年），我与公孙瓒在界桥举行第一次大会战。得到我军在前方胜利的消息，我下马歇息。此时，公孙瓒败退下来的两千骑兵突然出现，将我团团围住，箭如雨发。当时，我身边只有百余人，形势十分危急。谋士田丰让我到墙根下躲避，我反而将头盔扔到地上，说，大丈夫宁可冲上前战死，躲在墙根下就能活命吗？我毫无惧色，指挥身边的百余人奋起反击，杀伤了不少敌骑。公孙瓒的骑兵不知道被围困的是我，就不怎么硬打了。很快，我的部将麴义率部赶来，敌骑就纷纷逃跑了。你说，这算不算英雄壮举？

打败公孙瓒后，我率部南下，在薄落津与众将庆祝胜利。就在此时，突然传来消息，说我的魏郡兵与黑山军（河北一带的农民起义军）在邺城相互勾结，发动叛乱，邺城太守也被叛军杀了。当时，我的家属包括很多部将的家属都在邺城，他们听到这个消息非常恐惧，有的甚至号啕大哭。而我却神色自若，面不改色，临危不乱。后来，叛军内部一个叫陶升的人将我们的家属营救出来，一直送到斥丘（故址在今河北成安县）。随后，我率部平息了叛乱，杀了黑山军大将于毒，收复了邺城。你说，这是不是英雄壮举？

问：陶升为什么要救你们的家属？

答：陶升原先是内黄县的小吏，后来参加了黑山军。他认为黑山军最终成不了气候，所以改弦易辙背叛了黑山军，反过来帮助我们。

最后悔的是不听谋士的正确意见

问：董卓死后，你的谋士让你挟天子以令诸侯，你为什么不听？

答：我的谋士有两种完全不同的意见。一种意见认为，我家世代都是朝廷的忠臣，在汉献帝有难的时候，应该把汉献帝迎到邺城，挟天子以令诸侯，这样就可以在政治上取得主动。但另一种意见却认为，眼下天下大乱，群雄逐鹿，谁拥有更大的地盘，谁就是天下之主。如果把天子摆在自己跟前，你听不听皇帝的？如果不听，你就是逆臣；如果事事都听皇帝的，那你还有什么权力可言？我权衡再三，采纳了后一种意见。事后，我感到非常后悔。当初，董卓立汉献帝的时候，我就坚决反对，所以我对汉献帝不怎么感冒。我有些感情用事了。曹操趁我跟公孙瓒混战不休的时候，将汉献帝劫持到许昌，手中多了一张政治王牌。我不听谋士的意见，错走了一步棋。

问：击败公孙瓒后，谋士沮授反对你让长子袁谭出镇青州，以中子袁熙出镇幽州，以外甥高干出镇并州，你为什么不听？

答：我的借口是让他们各据一州，看看他们的本事到底如何。实际上，我最喜欢的是少子袁尚，打算让袁尚接我的班。虽然我没有明说，但大家都能看出来。我把袁谭、袁熙派出去，就是想让他们远离政治中心，重点培养袁尚。我的想法和做法实际上就是废长立幼，这是一个大错。正如沮授所说，这是取祸的根源。后来的事实证明，沮授的话是对的。可惜我没听。袁谭、袁尚反目为仇，这个祸根是我种下的。

问：官渡之战前，谋士田丰建议你跟曹操打持久战，你为什么不听？

答：田丰的意思是曹军虽然兵少，但曹操善于用兵，我军不可轻敌，应该跟曹军打持久战。而我却认为，我军兵多将广，完全可以一举将曹军消灭，为什么要打持久战呢？所以我没有采纳田丰的意见。更主要的原因是，逢纪与田丰不和。在我与公孙瓒多年的较量中，田丰屡出奇谋，为我立了大功，逢纪很嫉妒田丰，经常在我跟前说田丰的坏话。久而久之，我就讨厌田丰了。都怪我的耳朵太软，不该听信逢纪的谗言。

问：沮授也反对你跟曹操决战，你怎么也不听？

答：开战之前，我的谋士们就吵作一团，形不成统一意见。沮授、田丰不主张我跟曹操决战，而审配、郭图则坚决主张我跟曹操决战。公说公有理，婆说婆有理，弄得我很头疼。当然，核心的问题不在于决战还是不决战，关键是他们钩心斗角，搞不团结，故意唱对台戏，干扰了我的思维。当时，我威震北方，心里确实产生了骄傲情绪，而审配和郭图的意见正好迎合了我的骄傲心理，所以我最后决定跟曹操决战。

问：曹操攻打徐州的时候，田丰建议你趁机袭取曹操的老巢许昌，你也没有采纳。

答：当时，我的儿子袁尚正在患病，我没有那个心思，所以错失了良机。这也说明，一个人要干大事，就得知道孰轻孰重。因小失大，实在不该。

问：曹操打败刘备后，你却要攻打许昌，结果田丰又提出了反对意见，你还是不采纳，你不相信田丰吗？

答：我几次不听田丰的意见，他颇有怨言，我就讨厌他了。我不打许昌时，他要我打；现在我要打了，他又不让打。我当时觉得田丰在跟我顶牛角，所以很生气，还打了他。现在想起来，田丰的意见是对的。

问：开战之初，你损兵折将，连失颜良、文丑两员大将。这时，沮授发现曹军粮食短缺，再次建议你要打持久战，你还是不听？

答：我是一个只能打胜仗而不能打败仗的人，如果不是折了颜良、文丑两员大将，我也许会听从沮授的建议。但是，开战之初就损兵折将，我实在有些恼羞成怒，更加丧失了理智。再说，我从来就没有把曹操放在眼里，所以下决心非把他打败不可！事实证明，一个人吃一点亏就恼羞成怒，最终是要失败的。

问：你与曹操在官渡相持的时候，谋士许攸劝你分兵袭取许昌，你还是不听？

答：许攸小时候跟曹操是朋友，我怀疑他与曹操合谋来骗我，所以没有采纳他的意见。再说，许攸这个人比较贪财，而且纵容他的子侄犯法，我怎么能相信他呢？

问：结果是你逼走了许攸，许攸为曹操献计，烧了你的军粮物资。

答：是的。俗话说疑人不用，用人不疑。既然你要用人家，就应该相信人家；你要不相信人家，就不要用他。这是我犯的又一个大错。

问：在关键时刻，大将张郃、高览为什么会投降曹操？

答：这也是我刚愎自用造成的。许攸走了之后，张郃建议我派兵增援淳于琼，而郭图却主张攻打曹操的大营。郭图是我的谋士，我当然听郭图的。于是，我只派少数兵去增援淳于琼，而命令主力部队攻打曹操的大营。结果，曹操的大营没有攻破，淳于琼在乌巢大败，军粮全被曹操烧了。郭图害怕承担责任，就诬陷张郃、高览，说二人幸灾乐祸，怪我没有听取他们的意见，所以遭此大败。张郃、高览怕我问罪，所以就跑到曹操那边去了。郭图这小子真不是个东西，我受了他的骗。结果，官渡之战，我遭到了惨败。

问：沮授被曹操俘获后，至死不降，你知道谁对你最忠诚了吧？

答：是的。路遥知马力，日久见人心。沮授确实是个忠臣。曹操劝他投降，他坚决不降。后来，他试图逃跑归我，结果被曹操杀了。所以，还是那句话说得好，良药苦口利于病，忠言逆耳利于行。总在你跟前说顺心话的人，不一定对你忠心；总对你提反对意见的人，才是真正对你好。更多的时候，我们总是被一些甜言蜜语蒙蔽，被一些溜须拍马的人所欺骗，所以造成是非不分，黑白不辨，最终受害的还是自己。

问：官渡大败后，你为什么要杀田丰？

答：一是我内心惭愧，没脸再见田丰；二是逄纪诬陷田丰。逄纪说，田丰听到我失败的消息后拍手大笑，幸灾乐祸。我一时气恼，就将他杀了。说白了，外宽内忌是我的性格缺陷，如果我有曹操的一点点胸怀，恐怕不会有官渡的惨败。

最恨的是谋士们钩心斗角

问：你觉得官渡之战失败的原因是什么？

答：一是我不能纳人之言，在战略战术上犯了很多错误；二是谋士们钩心斗角，不能团结一致，共同对敌。

问：大敌当前，你的谋士们为什么要钩心斗角？

答：逄纪、审配、郭图、辛评这几个谋士的人品都有问题。他们只顾及私人恩怨，不懂得顾全大局。太可恨了！

问：你死之后，他们照样钩心斗角，引起你的儿子袁谭和袁尚反目成仇，这不是你种下的恶果吗？

答：确实是我种下的恶果。当初，如果我没有废长立幼的想法，逢纪和审配也不敢立袁尚为嗣。实际上，逢纪、审配是袁尚派，而辛评、郭图是袁谭派。袁谭见自己不能接班，肯定不干了，一怒之下，袁谭就将逢纪杀了。曹操攻打袁谭的时候，郭图和辛评又故意挑拨袁谭、袁尚兄弟的关系，致使二人反目成仇，被曹操各个击破。

问：袁谭、袁尚大起干戈的时候，刘表、审配等人都出面调和，但他们为什么不听？

答：在权力和地位面前，亲情显得苍白无力，这是人类的悲哀。袁谭屡吃败仗，就向曹操求援，这种做法更让人恶心。

问：曹操攻破邺城后活捉了审配，审配至死不降，你如何评价审配？

答：审配虽然有不少缺点，但他至死忠于袁氏，这一点让人钦佩。

问：袁谭被曹军杀死，袁熙、袁尚被公孙康杀死，这是你们袁家的不幸，你有责任吗？

答：我没有教育好自己的儿子，这是我的责任。我死之后，如果他们能团结一致，共同对敌，历史恐怕不会是那样。

问：你对你一生有何评价？

答：我身上有许多优点，同时也有很多缺点。我享受过胜利的喜悦，也饱尝了失败的痛苦。一句话，我是一个失败的英雄。

第十章

陈宫：诱惑是一块试金石

诱惑是一个无形杀手

问：今天采访你，想让你谈一谈吕布，可以吗？

答：你为什么不直接去采访吕布？我不想议论任何人。

问：我本来是打算采访吕布的，但他认为采访你更为合适，因为你最了解他。他希望你不要有什么顾忌，有一说一，有二说二，实事求是。你觉得吕布是个什么样的人？

答：唉，怎么说呢？吕布是一个英雄。不，吕布是一个悲情英雄。

问：为什么？

答：在东汉末年的所有战将中，吕布是最出色的一个。“人中吕布，马中赤兔”，这是对他最好的评价。关羽、张飞都不是他的对手，其他人就更不用说了。武艺超群，天下无敌，这是他成为英雄的最大资本。当然，吕布名震天下，除了他的武艺之外，还因为他亲手杀了乱臣贼子董卓，显示了他的英雄本色。但是，吕布有他致命的弱点，这就是刚猛有余，智谋不足，恃才自傲，刚愎自用，最终断送了他的性命。所以说，吕布既可敬，又可恨，是一个典型的悲情英雄。

问：吕布的经历比较复杂，他先跟随丁原，后随董卓，又与王允相结，继而又先后投奔袁术、张杨、袁绍，他是一个出尔反尔的人吗？

答：起初，吕布是并州刺史丁原的主簿，两个人关系很好。大将军何进与袁绍相谋要铲除宦官，召外将进京，董卓、丁原都是被召之人。何进被宦官杀死后，董卓因为他自己带的兵力很少，难以控制局面，所以就引诱吕布杀了丁原，吞并了丁原的部队。从这一点来讲，吕布确实不够忠义。丁原待他不薄，即使董卓怎么引诱他，他也不应该杀死丁原。因此，这件事是吕布一生最大的污点。

吕布跟了董卓之后，董卓确实对他不错，先是让他做骑都尉，不久又提拔他做中郎将，还封他为都亭侯，这些都是对一个人的诱惑。

董卓祸国殃民，激起众怒，吕布又与司徒王允联手杀了董卓，王允拜他为奋威将军，持假节，仪同三司，封温侯。这些同样是诱惑。

金钱、地位、美女，这对任何人来说都是诱惑。有的人在战场上是英雄，但在诱惑面前就败得一塌糊涂。吕布就是这样的人。因此，诱惑是一个无形的杀手，它会使人的良心泯灭，会使人的灵魂扭曲。但是，诱惑也是一块试金石，它能检验出一个人的道德水准、贞操节守、善恶忠奸。孟子说，富贵不能淫，贫贱不能移，威武不能屈，这才是大丈夫。这样的人有没有呢？有,关羽就是其中的一个。但吕布不是关羽。

至于投奔袁术、张杨、袁绍等人，则另当别论。

问：此话怎讲？

答：董卓死后，他的部将李傕和郭汜请求朝廷赦免他们，但主政的王允坚决不同意，结果逼得二人攻占了长安，王允也被杀了。吕布被李傕赶出长安，无处立身，只得投奔南阳的袁术。袁术对他也不错，但吕布自认为杀了董卓，有功于袁氏（董卓杀袁隗及袁术的哥哥袁基等男女二十多人），就不把袁术放在眼里。他纵兵抢掠，引起袁术的强烈反感。吕布感觉到袁术终究不能容下自己，于是就离开袁术，投奔了张杨。

张杨原先是丁原的部将，与吕布关系不错。但是，李傕发誓要捕杀吕布，张杨的部下怕留下吕布引火烧身，于是都想杀掉吕布。吕布觉得在张杨这儿也混不下去，就投奔了袁绍。

投奔袁绍后，吕布帮助袁绍在常山击败了张燕（黑山军首领，后投降曹操）。吕布恃功自傲，纵容部下为非作歹，引起袁绍的不满。吕布知道后，自动请求离开袁绍。袁绍打算派人送吕布出境，趁机将其除掉。吕布发觉袁绍的阴谋后，使用金蝉脱壳之计，安排人在自己帐中弹筝，仓皇而逃。他打算再次投奔张杨，路过陈留（今河南开封一带）的时候，陈留太守张邈闻其大名，于是派人邀请。这样，吕布就跟着张邈混了。

所以，吕布东奔西跑，有他自己的原因，但主要还是当时的形势所迫。在那个动乱年代，很多事情是吕布不能主宰的，很多事情是不以人的意志为转移的。

刚愎自用的悲情英雄

问：你是怎么认识吕布的？

答：天下大乱的时候，我认为曹操是个英雄，就跟了曹操。后来，我觉得曹操为人不怎么样，就有了叛曹的念头。曹操攻打徐州陶谦时，让我屯扎东郡（治所在今河南濮阳）。我觉得机会来了，就劝说张邈起兵叛曹。张邈听从了我的建议，趁机攻占了兖州，并拥立吕布为兖州牧。我就是在这种情况下认识吕布的。

问：曹操闻知后院起火，急忙挥师西进，攻击吕布。吕布兵败，怎么又投奔了刘备？

答：吕布就像一只没头的苍蝇，到处乱撞，没有安身之所。当时刘备在徐州，吕布没有办法，不知道刘备会不会收留他，想碰碰运气。结果，刘备收留了他。

问：刘备收留了吕布，他应该报恩，但他却袭击了刘备，这是为什么？

答：一是吕布确实想得到一块属于自己的地盘；二是袁术从中挑拨，答应给吕布军粮二十万斛。这样，吕布忘恩负义，袭击了刘备，占领了徐州。

问：我们很难理解吕布，他赶跑了刘备，后来又把刘备请回小沛，这是为什么？

答：袁术答应的二十万斛军粮打了水漂，吕布很生气，但无可奈何，因为吕布的兵力很少，根本敌不过袁术。刘备失了徐州，也无处立脚，请求吕布收留。吕布为了加强自己的实力，让刘备屯驻小沛，以成掎角之势。所以，没有永远的朋友，只有永远的利益。

问：吕布辕门射戟成为美谈，说明他还是有一点谋略的。

答：是的。不能说吕布一点谋略也没有。当时，大家都建议借袁术之手杀掉刘备，但他充分考虑了当时的形势，力排众议，决定不杀刘备，而是辕门射戟，救了刘备。

问：曹操围攻下邳的时候，你给吕布出谋划策，他为什么不听？

答：这就是吕布的可恨之处。当时，曹操亲统大军围攻下邳，决心要除掉吕布。我建议吕布屯兵城外，我居城内，以便相互接应。但是，吕布听从了他老婆的意见，不想把下邳城交给我，所以他没有采纳我的意见。吕布不仅不听我的建议，许多将领的意见他也不听。

问：你跟吕布被擒后，吕布请求投降，而你却执意要死，这是为什么？

答：这就是人的不同。我认为，做人要讲气节，没有气节，生不如死。

问：事实上，你选错了辅佐对象，你后悔吗？

答：我生逢乱世，也想找一个明主辅佐，但我没有碰到这样的明主，偏偏碰到了吕布。吕布虽然有勇无谋、刚愎自用，但他毕竟也是一个英雄，我不后悔。

问：我们应该从吕布身上吸取什么教训？

答：吕布出尔反尔，忘恩负义，这是他的致命弱点。一个人即使有天大的本事，如果失去了信义，那就失去了立人之本，就会遭到众人的唾弃。有的英雄死了，大家怀念他、同情他、敬仰他，比如关羽；有的英雄死了，没有人同情他，更没有人敬仰他、怀念他，比如吕布。人的一生会遇到很多诱惑，在诱惑面前怎么办？这是对一个人的考验。

所以，做人要有德。

第十一章

曹丕：我顺应了时代潮流

最难得的是不杀汉献帝

问：你爸爸曹操建立了不世之功，可他至死都不敢当皇帝，你怎么就敢呢？

答：我爸爸一世英名，他虽然没有称帝，可实际上已经是皇帝了。当不当皇帝只是形式而已，他实际上拥有皇帝的权力。再说，我爸爸不是不敢称帝，而是不愿意称帝。他是一个非常讲究实际的人，不图那些形式上的东西。在他的骨子里，还有那么一点点儒家的思想，这个思想束缚了他，他怕背上篡逆的骂名。

问：你不怕吗？

答：一个烂了的苹果，你是把它扔掉好呢，还是把它一直供奉在桌子上好呢？东汉王朝就是一个早已烂了的苹果，早就应该将他扔掉了。实际上，那个烂苹果早就被天下人抛弃了，而我是亲自扔掉它的人。我顺应了时代潮流，还有什么可怕的？

问：人们普遍认为你是篡汉建魏的，你承认吗？

答：不是这样。天下如果还是汉朝的天下，作为臣子的我夺取了人家的政权，这叫篡位。可事实是，当时的天下早已不是汉朝的天下了，汉朝的存在只是一个形式而已。魏国的天下是我爸爸曹操一手打下来的，所以我建立魏国并不是篡位。

问：你取代汉献帝建立魏国，按照一般人的思维，汉献帝必死无疑，可你却没有杀汉献帝，这是为什么？

答：在人们的印象里，我比我爸爸曹操更凶残、更奸诈、更手黑，其实不是这样。没错，我当了皇帝，就不应该让汉献帝再活在世上，这是一般人的思维。但是，我作为一个开国皇帝，不能按一般人的思维行事。说实话，汉献帝虽然无力匡复汉室，但这不能怪他，因为他当皇帝的时候，汉朝已经名存实亡了，他只不过是个傀儡皇帝而已。汉献帝其实是个好人，他并没有什么罪孽，我凭什么杀人家？如果杀了汉献帝，我就会背上不仁不义的骂名而失掉人心，这是得不偿失的。所以，留下汉献帝，对我有好处。其次，汉献帝将两个女儿献给我做了嫔妃，他就是我的老丈人，女婿如果杀掉老丈人，天下人怎么评价我？我还能坐稳天下吗？第三就是于心不忍。汉献帝禅位于我，虽然是被逼无奈，但毕竟没有出现刀光剑影的残酷场面，属于一种和平交接。从这一点来讲，我不忍心杀掉汉献帝。基于以上几点考虑，我觉得不杀汉献帝比杀了他要好得多，所以就没有杀他。

问：你不杀汉献帝，确实难得，而且还能善待汉献帝，这就更难得了。你怎么能做到这一点？

答：这说明我有宽爱之心。许多人认为我对人刻薄，心狠手毒，其实这都是对我的误解。我不仅没有杀汉献帝，而且给他很多特权，生活上给他优厚的待遇，还把他的儿子封为列侯，一般人能做到这一点吗？

问：你不仅善待汉献帝一家，而且对东汉旧臣也十分尊重。你这样做是为了笼络人心吗？

答：有这个因素，但这不是主要因素，主要还是我有一颗宽爱之心。举一个例子，杨彪是汉室老臣，因为我爸爸曹操杀了他的儿子杨修，他对我们曹家很有成见，不愿意为曹家服务。我请他出任太尉，他不愿意，我没有强迫他，更没有迫害他，照样给他优厚的待遇，还拜他为光禄大夫。所以说，我不是一个凶残的皇帝。

我没有逼曹植七步成诗

问：曹植是你的亲弟弟，为了迫害他，你逼他七步成诗，这是真的吗？

答：没有的事，我没有逼他，这是后人编造的。如果我真的要杀他，何必用这种办法？我和曹植都喜欢写诗，如果把我们写的诗都编成一个故事，岂不荒唐？后人为了给我脸上抹黑，所以编造了这个故事。

问：当初，曹植被定为接班人后，你不恨他吗？

答：废长立幼是我爸爸曹操犯下的一个错误，我确实对曹植心存嫉恨，但还没有到了要杀害他的地步。他毕竟是我的亲弟弟。我只不过采取了一些手段，想极力改变爸爸的决定，夺回接班人的位置。

问：你采取了哪些手段？

答：主要是以德取胜。曹植的才能确实比我强，但他有很多缺点，最突出的是嗜酒狂傲，我爸爸是不喜欢这一点的。为了战胜曹植，我必须采取一定的手段，降低他的威信，抬高我的威信。比如，有一次，我爸爸率部出征，我和曹植都去相送。曹植花言巧语，极力拍爸爸的马屁，而我却一言不发，只是流泪。这样，大家都觉得曹植过于华而不实，不像我有诚心，爸爸也被我的表现深深感动了。

后来，我按照贾诩的建议，夹着尾巴做人，平时表现得规规矩矩，实际上是在韬光养晦。

问：你是怎样战胜曹植的？

答：实际上，曹植不是我战胜的，是他自己把自己的前程葬送了。他狂傲不已，不懂得收敛自己，竟敢违犯法令，私闯司马门。我爸爸大怒，就将他废了，改立我为接班人。人们常说，最大的敌人就是自己，这话一点儿也没错。曹植是自己把自己打倒的。

问：你被定为接班人后，对曹植还是不放心？

答：确实是这样。世事难测，一夜之间也许能让你步入天堂，也许能把你投入地狱。我虽然被定为接班人，但曹植始终对我是个威胁，我必须彻底让他威风扫地，永远不能翻身。

问：建安二十四年（公元219年），你爸爸让曹植率部出征援助曹仁，你却将他灌醉了，你是存心让他惹你爸爸生气吗？

答：是的，我怕他出去立了功，威信有所提高，所以就将他灌醉了，到第二天还没有醒来。我爸爸非常生气，也非常失望，只好作罢。

问：你不觉得这样做很卑鄙吗？

答：曹植喜欢喝酒，经常喝得酩酊大醉，这是众所周知的事情，大家不会怀疑我。

问：你当了皇帝以后，曹植向你认罪，你不能善待他，你是不是有些绝情了？

答：曹植几次犯法，我完全可以名正言顺地将他杀掉，可我没有那样做。我能容得下汉献帝，能容得下杨彪，难道还容不下一个亲弟弟吗？虽然我对他冷淡了一些，可我一直没有要杀他的念头。事实摆在那里，我至死都没有杀他。所以说，“七步诗”是后人编造的。如果我真的要杀曹植，根本不用这种办法。

问：你怎样评价曹植？

答：曹植很有才能，但他的才能表现在文学方面。对于政治，他一窍不通，他没有政治方面的才能，不适合搞政治。

问：你对待其他弟弟呢？

答：我当了皇帝以后，对所有的弟弟一个没杀，而且将他们都晋爵为公，后又封王，我觉得问心无愧。

从谏如流，政绩大于军功

问：你爸爸曹操很善于听取别人的正确意见，你能做到这一点吗？

答：能。我可以举若干例子。我当皇帝的时候正是冬天十月，我想立即改正朔来体现皇权，但侍中辛毗提出了反对意见，我觉得有道理，所以就没改。

我想追封卞太后的父母，也就是我的外公和外婆，尚书陈群提出了反对意见，认为自古没有女性分土命爵的做法，我也采纳了。

征南将军夏侯尚与我关系亲近，我下诏委以重任，并享有跟我一样的特权。散骑常侍蒋济坚决反对，认为这样做太不合适。君就是君，臣就是臣，怎么能让臣子享受皇帝的待遇呢？如果那样做，肯定会带来亡国之灾。我听了以后，立即改正，追回了已经下达的诏书。

我想将冀州的十万户百姓迁到河南（黄河以南），以增加河南地区的人口数量，侍中辛毗不同意，跑到内室进谏。当时，天下大旱，蝗灾严重，百姓饥饿，如果将那么多百姓迁到河南，让他们吃什么？我认为辛毗的意见是对的，所以只迁了原计划的一半。

我经常外出打猎，辛毗又提出了批评意见。我虚心接受，以后就很少外出打猎了。

问：你有听不进意见的时候吗？

答：有。任何人都有听不进意见的时候，包括我爸爸。如果总是听别人的意见，说明你没有主见，而我是一个有主见的人，所以很多时候听不进别人的意见，以致犯下很多大错。

问：你在位时间不长，你最大的政绩是什么？

答：比起我爸爸来，我的政绩算不了什么，只是做了一些事情。比如重视文化，恢复了太学；任人唯贤，不拘一格选拔人才；重视民生，发展生产，使北方地区重现安定繁荣局面；创立了九品中正制，开创了士族政治的先河；巩固了中央集权，限制了后党、宦官的权力等。

问：你在位期间，多次伐吴都没有重大战果，这是为什么？

答：我的军事才能远远不及我爸爸曹操，这是主要原因。其次，我没有采纳谋士们的意见，所以战果不大。

问：你不懂军事吗？

答：也不能说我一点军事都不懂。比如，刘备连营七百里与吴兵对阵，我就对群臣说，刘备不懂兵法，哪有连营七百里可以拒敌的道理？后来的事实证明，我的预见是正确的。我爸爸在世的时候，我没有指挥过什么战役，更没有经历过像官渡、赤壁那样的大战，没有经受过血与火的洗礼，所以我的军事谋略离我爸爸曹操太远了。

问：你对自己有何评价？

答：我算不上一位贤明的君主，但也不是一个庸碌的皇帝。我跟许多人一样，有优点，也有缺点。我希望后人不要误认为我是一个善玩权术、阴险狡诈的人，我的功过是非，最好能得到后人公正的评价。

第十二章

荀彧: 1% 大于 99%

问：你是曹操的首席谋士，为曹操统一北方立下汗马功劳，深得曹操信任，后来为什么得罪了曹操？

答：随着曹操势力的日益强大，他的权力欲也越来越强。建安十三年（公元 208 年），曹操担任丞相后，更加志得意满。建安十七年（公元 212 年），曹操赞拜不名，入朝不趋，剑履上殿，待遇跟当年的萧何一样。按说，曹操把持朝政，不是皇帝胜似皇帝，他应该满足了。但是，我想错了，人的欲望是没有止境的。这年十月，那些极力巴结曹操的人劝他晋爵为公，我提出了反对意见，曹操很不高兴。就因为这件事，我把曹操得罪了。

问：大家都觉得曹操应该晋爵为公，你为什么不同意？

答：我本来是出于好意，让曹操真正成为一个大家公认的汉室忠臣，所以提出了反对意见。但是，我想错了。此时的曹操已经变了，他要得到更高的名誉和地位，这是他一生的追求。他不仅要晋爵为公，还要称王，这是大势，谁也无法阻挡。俗话说，识时务者为俊杰。什么是“时务”？“时务”就是大势。曹操要一步步登上权力的顶峰，这就是大势。可惜我聪明一世“糊涂”一时，没有认清这个大势，因此把曹操得罪了。我死之后不久，曹操就当了魏公。

问：你给曹操当谋士，曾经无数次提出过反对意见，曹操都采纳了，为什么这一次却把他得罪了？

答：以前提反对意见跟这一次不同。曹操在创业过程中，我给他出谋划策，是为他争夺天下，为他捞取功名地位，所以他能够虚心接受。而这一次却恰恰相反，他要晋爵为公，我提出了反对意见，是阻碍他争取功名地位，所以他不能接受了。

问：曹操胸怀宽广，怎么能因为这点事情忌恨你呢？

答：曹操有句名言叫“宁我负人，毋人负我”。他历来是“顺我者昌、逆我者亡”，只要死心塌地地为他服务，不触犯他的利益，他就很高兴；否则，他就会翻脸不认人。这也应了那句话，叫“伴君如伴虎”。确实是这样。

问：曹操与你是儿女亲家，他不念及这一点吗？

答：在残酷的政治斗争中，父杀子、子杀父，兄杀弟、弟杀兄的例子还少吗？何况是儿女亲家！

问：是他让你死的吗？

答：曹操攻打孙权，让我到谯郡（今安徽亳州）劳军，他就趁此将我留于军中，并让我随军东进。曹操到达濡须，我因病留在了寿春。不久，曹操派人给我送来食物，我打开食器一看，里面什么也没有。我就明白了，曹操不让我活了，我只好喝毒药自尽了。

问：你怎么知道曹操不让你活了？

答：我跟曹操共事二十余年，太了解他了。他心里是怎么想的，我一清二楚。

问：你是怎么跟随曹操的？

答：我是颍川郡颍阴（今河南许昌）人，冀州牧韩馥跟我同郡。天下大乱以后，我应邀到韩馥那里避乱。但到了冀州，韩馥已经被袁绍打败了。当时，我弟弟荀谌，还有颍川郡的辛评、郭图，都成为袁绍的谋士，我就留在袁绍手下。但我发觉袁绍不是一个成大事的人，就果断地离开袁绍，投奔了曹操。

问：你是一位杰出的战略家，曹操将你比作张良，你觉得怎样的人才能称得上战略家？

答：所谓战略家，就是要站得高、看得远，能预见到别人预见不到的事情，能想出别人想不出的办法，敢做别人不敢做的事情，最终出奇制胜。比如，我劝曹操“挟天子以令诸侯”，这就是大战略。许多战略方针都是我给曹操设计的。

问：战略和战术有什么不同？

答：战略就是大政方针，战术就是具体的办法。比如，先打谁，后打谁，这是战略，怎么打，这是战术。

曹操“挟天子以令诸侯”，引起袁绍的不满。正当曹操南征张绣大败而归的时候，袁绍给曹操写信，言辞极为骄慢。曹操大怒，打算跟袁绍开战。我根据袁绍和吕布的特点以及他们所处的地理位置，提出了“先吕后袁”的战略方针，及时改变了曹操的决定。这就是战略。至于怎么打，那就是战术问题了。

问：你怎么能做到“运筹于帷幄之中，决胜于千里之外”？

答：审时度势。一个优秀的战略家，必须有正确分析和判断的能力。只有科学分析敌我双方的情况，才能做出正确的判断。

曹操将汉献帝劫持到许昌以后，我就很少随军出征了。我给曹操推荐了荀攸、钟繇当谋士，后来又推荐了郭嘉，但一些军国大事，曹操都要征求我的意见。比如，曹操和袁绍在官渡相持，曹军粮草将尽，曹操打算退军，写信征求我的意见。我提出了坚持就是胜利的主张，不同意曹操退军。结果，许攸投奔曹操，为曹操献了一计，最终打败了强大的袁绍。我为什么不让曹操退军？就是因为我知道袁绍内部不团结，久必生变。事情的发展跟我的预料完全一致，所以我能适时做出正确的判断。

官渡之战的胜利，为曹操统一北方奠定了坚实基础。

官渡之战后，曹操打算南下攻击刘表，我又提出了反对意见。因为袁绍虽败，但还有一定的实力，如果不将其彻底消灭，等到他恢复元气，那就前功尽弃了。所以，我建议乘胜而战，不给袁绍喘息的机会，将其彻底打垮。曹操采纳了我的建议，最终消灭了袁绍的残余势力，基本上统一了北方。

问：既然曹操说你有张良那样的奇才，为什么不让你随军出征？

答：许昌是曹操的老巢，不能有任何闪失，必须有一个可靠的人为他看家。他信任我，所以让我为他看家。

问：你屡出奇谋，为曹操立下不朽功绩，曹操要上奏朝廷，拜你为三公，你为什么坚辞不受？

答：说实话，我跟曹操相处，如履薄冰，战战兢兢，生怕做错一件事，说错一句话。虽然我为他出了一些计策，深得他的赞赏，但我知道“功高盖主”的危害。曹操要拜我为三公的时候，他本人还没有当魏公，我怎么可以做三公呢？如果我欣然接受，那就是不识时务，是愚蠢的做法；即使曹操当了魏公，我也不能做三公。

问：为什么？

答：人要知足。我已经是尚书令了，应该知足了。“木秀于林，风必摧之”。做人应该懂得这个道理。

问：你后悔反对曹操当魏公吗？

答：实际上，我没有错，错的是曹操。曹操为什么会背上奸臣的骂名，就是因为他太狂傲了。如果他能谦逊一点，结果肯定大不一样。

问：你的人生对后人有什么启示？

答：在正常情况下，1% 是远远小于 99% 的，但是，一旦出现不正常的情况，1% 就会远远大于 99%。一个人不论做出多么巨大的成绩，只要出现一丁点错误，就可能毁掉自己的一生。说得再具体点，1% 的错误可以毁掉 99% 的成绩。所以，人应该忘记自己过去的成绩，更不能躺在功劳簿上沾沾自喜，甚至居功自傲，为所欲为。很多人认为自己立过很大功劳，犯一点小错误无所谓，这种想法是要不得的。

第十三章

司马懿：狐狸的“狡猾”也是智慧

做人要低调

问：你是三国时期备受关注的一个人物，也是最有非议的人物之一。人们说你是一只狡猾的狐狸，你承认吗？

答：我不知道人们为什么会这样评价我。我很奇怪，猴子和狐狸都是有灵性的动物，可人们为什么把猴子的聪明叫智慧，把狐狸的聪明就当作是狡猾呢？我们的汉语非常丰富，同一个意思，可以用褒义词，可以用贬义词。我们通常喜欢用贬义词来评价别人，没有人愿意用贬义词来评价自己。这是一个通病。

问：你是说猴子和狐狸是一样的？

答：当然。不管你说猴子聪明也好，还是说狐狸狡猾也罢，其实它们都是为了生存，本质上是一样的。我不希望用不同的词汇来形容猴子和狐狸。如果把有智慧的人都当作狡猾的狐狸，那我甘愿做这样的狐狸。

问：你小时候就表现得非常聪明，这是天生的吗？

答：一个人聪明与否，不是你自己能决定的，跟父母的遗传有关。我天生聪明，这是父母给我的，我得感谢父母。但是，我们必须清楚，聪明和智慧是两码事。聪明人不一定有智慧，而有智慧的人必定是一个聪明人。

问：你能说得更清楚一点吗？

答：聪明与否是先天的，而有没有智慧是后天的。简单一点讲，聪明与否靠父母，有没有智慧靠自己。一个人即使聪明得不得了，但如果他自己不努力、不勤奋，最终也不会有什么智慧，只能耍一些小聪明罢了。生活中，这样的人太多了。

问：你是怎么成为一个有智慧的人的？

答：刚才我已经说了，聪明加勤奋等于智慧。我虽然天资聪明，但如果我不是博览多闻，重视学习，我不会有后来的那些智慧。所以，人要想有智慧，必须学习。

问：曹操当司空的时候，请你出来做官，你为什么不肯？

答：我是一个有志向的人。当时天下大乱，群雄并起，我非常忧虑，不知道天下会变成什么样子。建安六年（公元 201 年），官渡大战结束后，曹操听说我是个有才能的人，就想让我为他服务。但是，我从内心深处是看不起曹操的。我是什么出身？曹操是什么出身？我家世代都是名门望族，而曹操不过是一个宦官的后代，让我为他服务，我丢不起这个人。所以，我谎称自己有风湿病，生活不能自理，拒绝了曹操。曹操是个疑心很重的人，他不相信我年纪轻轻患有此病，于是就派人在夜间秘密刺探情况。我知道曹操派人来的用意，所以故意躺在床上，一动不动，骗过了曹操。

问：曹操当了丞相后，再次让你出来做官，你怎么就答应了？

答：俗话说，骗人能骗得了一时，骗不了一世。我装模作样骗过了曹操，但我总不能躺在床上不动吧。所以，时间一长，曹操就知道事情的真相了。建安十三年（公元 208 年），曹操当了丞相，任命了几个属官，其中以崔琰为西曹掾，毛玠为东曹掾，我哥哥司马朗为主簿。他想让我出任文学掾（负责管理学校、教授弟子等事宜），并且对手下人说，如果司马懿再敢耍滑头欺骗他，就立即杀掉。我清楚，这一次不能再忽悠曹操了，再忽悠的话，自己的脑袋就得搬家。没办法，我只好从命。

问：有的人拼命跑官要官，而你却拒绝当官，人和人怎么会有如此大的差别？

答：是金子总会发光的。我不是不愿意为官，我是不愿意为曹操服务。

问：为什么？

答：我历来崇尚儒教，儒教的核心就是德和忠。除了前面所说的原因外，我认为曹操把持朝政，是一个不忠的人，所以不愿意为他服务。

问：曹操对你还是非常重用的，先是让你做曹丕的老师，后来又让你担任黄门侍郎、议郎、丞相东曹掾、主簿，曹操没有看出你的心思吗？

答：没有。如果让曹操看出来，他还能信任我吗？恐怕早将我杀了。

问：一般人是骗不了曹操的，你怎么能做到这一点？

答：时间一长，曹操发觉我是个不寻常的人，于是对我产生了疑心。他听说我有“狼顾相”，就是说我的脑袋跟狼的一样，能向后转动一百八十度而身体不动，于是就亲自试验我。人的脑袋转动九十度还差不多，转动一百八十度是不可能的。他还曾经梦见三马同食一槽，“三马”指的是我和司马师、司马昭，“槽”指的就是他们曹家。他告诫曹丕说，司马懿并非等闲之辈，不会久居人下，将来肯定要干预曹家的事。我知道后，心里非常害怕。一个人如果被曹操惦记上，那是很可怕的事。

问：你如何化解了这个危机？

答：低调做人，踏实做事。从此以后，我工作兢兢业业、勤勤恳恳、任劳任怨、废寝忘食，不显山、不露水。渐渐地，曹操的疑心就消除了。

从这件事我得出一个结论：任何时候，人都不能翘尾巴。人在失意的时候，要学会坚强和忍耐；人在得意的时候，要懂得收敛和谦虚。真正有智慧的人不会炫耀自己的“聪明”，更不会张扬自己的功绩。有的人恃功自傲，有的人恃才自傲，有的人恃权自傲，有的人恃财自傲……这些人最终是要失败的，许攸、祢衡等人就是例子。所以，做人一定要低调。

问：曹丕对你非常信任，你没有一种自豪感吗？

答：曹丕不光信任我，而且对我佩服得五体投地。一个人佩服另一个人，除非你的德和才都比他强，否则，他会佩服你吗？如果我凭这一点就沾沾自喜、骄傲自大，那我跟普通人就没什么区别了，曹丕也不会佩服我的。曹丕至死对我坚信不疑，让我做顾命大臣。这种信任不是一天两天形成的，而是长期的实践培养起来的。人们说我是一只狡猾的狐狸，只不过是想贬低我罢了。

问：你与曹魏家族的关系一直比较和谐，你怎么能做到这一点？

答：曹丕在世的时候，跟我关系最好。他临终前对曹叡说，如果有人离间你跟曹真、陈群、司马懿的关系，你一定不要怀疑他们。曹丕死后，曹叡继位，跟我的关系也很好，先后让我担任骠骑将军、大将军、大都督。另外，我跟曹真、曹休的关系也比较和谐，没有引起他们的反感。为什么能做到这一点呢？主要是因为我做人低调，从来不主动树立政敌。

干任何事都得靠智慧

问：你的军事才能是在曹丕死了以后才表现出来的，他那么信任你，为什么不让你带兵打仗？

答：其实，我的军事谋略很早即表现出来了。建安二十年（公元215年），我跟随曹操攻打汉中的张鲁。张鲁败逃巴中后，我劝曹操趁刘备和孙权争夺荆州的时候，立即向西蜀进兵，一举将刘备击垮。可惜曹操没有采纳，还说什么“人苦无足，既得陇，复望蜀耶！”以致失去了一个大好机会。

关羽水淹七军，威震华夏，曹操打算将都城迁到黄河北面，以避其锋。我对曹操说，于禁虽然兵败，但并没有影响大局，如果此时迁都，势必引起混乱。刘备、孙权表面上友好，实际上各怀心事。关羽大胜，孙权肯定不会坐视不管。不如派人让孙权抄关羽的后路，樊城之围随即可解。曹操听从了我的建议，没有迁都，后来关羽果然被吴军擒杀。

曹丕在位的时候，我主要留镇许昌，处理内政。他对我比较放心。

问：魏明帝曹叡即位后，为什么让你屯驻宛城？

答：曹丕死后，孙权趁机攻打魏国，被我和曹真击败。宛城是许昌的重要屏障，曹叡让我屯驻宛城，主要是防御东吴的进攻。

问：你以迅雷不及掩耳之势击杀孟达，为魏国立了一功。你为什么不按常规出牌？

答：孟达是不得已才投降魏国的，我知道此人靠不住，就劝曹叡不要重用他，但曹叡不听，让他做了新城太守。我得到孟达即将起事的消息，就给他写了一封信，先把他稳住。然后，我率兵倍道兼行，八天就到达新城。

孟达认为，宛城离洛阳八百里，离新城一千二百里，我一定会派人到洛阳请示，然后才能发兵。这样，往返时间至少也得一个月左右，而且孟达判定我不会亲自带兵去新城。

按常规，孟达的分析是正确的。但是，打仗是不能按常规出牌的，如果按常规出牌，那就是愚蠢。春秋时期的宋襄公就是一个愚蠢的家伙。他与楚国交战时还大讲特讲“仁义”，真是愚蠢至极。

作为一个谋略家，应该根据形势的变化，迅速做出决策，而不应该被一些常规性的做法束缚。所以，我没有向朝廷请示，而是自行决断，先斩后奏。这就是人们常说的“急事急办、特事特办”。

问：你与诸葛亮有过多次较量，诸葛亮为什么打不过你？

答：我与诸葛亮的较量，是智者与智者之间的较量。人们说“狭路相逢勇者胜”，但我觉得应该改一个字，就是“狭路相逢智者胜”。当年，袁绍的实力无人能比，为什么会败于曹操？就是因为袁绍智谋不足。吕布的武艺无敌于天下，后来为什么也失败了？仍然是缺乏智谋的缘故。

问：你的意思是说你的智谋比诸葛亮强？

答：诸葛亮确实是个有智慧的人，但他的特长在于治国，不在于军事。他过于谨慎，考虑得太多，往往不敢冒险，这是兵家大忌。

问：诸葛亮屡屡挑战，你坚守不出，后来诸葛亮以女人的衣服羞辱你，你上表朝廷请求出战。为什么处置孟达事件的时候你不向朝廷请示，而这一次却要请示呢？

答：这都是我的策略。诸葛亮远道而来，粮草短缺，利在速战。而我军补给充足，不怕拖延时间。诸葛亮给我送来女人的衣服，无非是想激怒我，让我与他决战，我不能上他的当。但是，众将纷纷请战，说我被蜀军吓破胆了。为了安抚众将，我必须找一个正当的理由，说明不出战的原因。所以，我上表请示朝廷，朝廷派人来宣布皇帝的命令，就是不准出战。这样，众将就不怪我了。不是我不出战，是朝廷不让。这就是我的策略。这件事跟孟达事件不同，孟达事件必须果断处置，来不得半点迟疑，所以我没有请示。而这一次，我的本意就是坚守不战，所以借朝廷之口掩自己之实。

问：你确实够狡猾的？

答：这不是狡猾，这是智慧。诸葛亮看出了我的心思，无奈地对他的部下姜维说，司马懿本无战心，借请示朝廷堵众将之口。常言道，将在外，君命有所不受，哪里有千里之外而请战的道理？如果这样做，黄花菜都凉了。

问：结果，诸葛亮被你活活拖死了？

答：是的。诸葛亮战不能战，退不能退，最后病死在五丈原。

问：诸葛亮死后，姜维用计，蜀军安然撤退，这就是“死诸葛吓走生仲达”。你怎么会上姜维的当？

答：如果一个死人突然出现在你面前，你是什么感受？另外，我的性格跟曹操差不多，疑心过重。对于一些事情，宁可信其有，不可信其无。这一次我被“死诸葛”所骗，很正常，没有什么了不起。

问：辽东太守公孙渊反叛后，魏明帝曹叡命你率部出征，你怎么对公孙渊分析得那么透彻？

答：出征前，魏明帝问我，公孙渊会用什么办法对付平叛大军？我说，公孙渊如果弃城逃走，说明他聪明，这是上策；如果他据守辽东抗拒我大军，这是中策；如果他死守老巢襄平（今辽宁省辽阳），那必死无疑。公孙渊远远不能跟诸葛亮相提并论，他的才智差远了。他认为我军孤军远征，必不能长久，所以他一定会先在辽水抗拒我军，然后死守襄平。我率领四万军队到达辽水后，公孙渊果然派几万军队在辽隧（今辽宁海城市牛庄镇一带）布防，阻挡我军。他采用的是中策。

问：你没有与叛军正面交锋，而是绕过辽隧，直扑襄平。你怎么会如此用兵？难道不怕叛军截断你的退路吗？

答：公孙渊早有准备，他在辽隧城周围挖了长达二十多里的壕沟阻挡我军，目的是想打持久战。因为我军四千里远征，粮草补给困难，公孙渊坚守不出，就是想以逸待劳，拖死我军。如果我军硬要攻打辽隧，那就中了公孙渊的圈套。况且，叛军的主力都在辽隧，他的老巢襄平必定空虚。如果避其锋芒，直扑襄平，叛军必然要回师援救襄平。这样，我军就可以调虎离山，一举将辽隧拿下。

问：结果跟你的预料一样吗？

答：是的。我采取声东击西之计，大张旗鼓，做出要向南进攻的态势，把叛军主力引向辽隧南面，而我则率领主力暗中渡过辽水，向北挺进，直扑襄平。叛军大惊，急忙从辽隧撤出，回师襄平。我当机立断，杀了个回马枪，将叛军击败。叛军只得龟缩在襄平，死守不出。我率部包围了襄平。

问：包围襄平后，遇上了一个多月的大雨，你为什么采取围而不打的策略？

答：当时，辽水暴涨，平地水深数尺，众将请求移营，我下死令不准。因为一旦移营，对襄平的包围就会解除，叛军的粮草就会运进襄平，这对围歼叛军是大大不利的。叛军依仗水势，照样出来砍柴放牧，将领们请求将这些人俘获，我照样不准。司马陈珪说，当年奇袭孟达，昼夜不停地行军，行动何等急速。如今远来征战，却迟疑不进，真是令人不解啊。我解释说，孟达的兵少，但他们的粮食可以支撑一年，而我军将士虽然四倍于孟达，但粮食不够一个月消耗，所以我们要速战速决。今天的情况正好相反，敌众我寡，敌人缺粮而我军不缺，况且雨水这么大，我们无法实施攻击。自打从京师出发，我不担心敌人的进攻，只担心他们会逃走。如果敌人逃走，我们就很难歼灭他们。眼下，敌人的粮食就要耗尽，而我军的包围圈还没有完全形成，如果此时去抢他们的牛马，抓获他们的樵夫，那是逼他们逃走。用兵是一种诡诈的行为，要善于随机应变。我军之所以迟迟不动，就是要坚定对方死守城池的决心，如果贪图一点小便宜而吓跑敌人，那是不合算的。

问：据说朝廷知道前方遇到大雨，一致要求退兵，但被魏明帝制止了？

答：是的。曹叡非常信任我，他对大臣们说，司马懿有能力处置一切突发事变，擒获公孙渊指日可待。曹叡的谥号为什么叫明帝？就是因为他太英明了。当初，我率四万兵马出征，朝臣以为兵马太多，消耗太大。曹叡说，四千里征战，虽然要出奇制胜，但也应该依靠一定的实力，不应该在军费上斤斤计较。所以说，曹叡是很有远见的。

问：公孙渊请求投降，你为什么不准？

答：我的目标就是将他们全部歼灭，没有打算让他们投降。天气放晴之后，我军完成了对襄平的合围，然后不分昼夜发起猛烈攻击，襄平很快就土崩瓦解了。公孙渊和他儿子率数百骑突围，被我军斩杀。

问：打仗靠智慧才能取胜。

答：狭路相逢智者胜。不光是打仗，干什么事也得靠智慧。没有头脑的人，只能是蛮干、瞎干。

该出手时就出手

问：曹叡临终前托你后事，他对你没有一点疑心吗？

答：我觉得没有。人们常说，人之将死，其言也善。如果他对我有疑心，怎么会托我后事？

我从辽东班师，曹叡让我继续镇守长安，但后来突然连续下达五次诏令，让我火速回京，而且到京后直接到宫中见驾。我预料朝中肯定发生了变故，要不然皇帝不会这样急着见我。我到京后才知道，曹叡已经病危了，他之所以急着要见我，是要托付后事。他抓着我的手说，以后的事就交给我和曹爽了，让我和曹爽共同辅佐齐王曹芳。他之所以硬挺着不死，就是等着我回来交代后事。他还招来齐王曹芳和秦王曹询拜见我，并让齐王搂住我的脖颈。当时我非常感动，禁不住泪流满面。所以说，曹叡是非常信任我的。

问：曹爽为什么要跟你作对？

答：曹叡死后，八岁的齐王曹芳继位，由我和曹爽共同执政。一开始，曹爽对我比较尊重，因为不论从年纪还是资历，他跟我无法相比。但没几天，他就将曹叡在位时不受重用的毕轨、邓飏（yáng）、李胜、何晏、丁谧等人一律提拔，成为他的心腹。丁谧这个人心眼很坏，他给曹爽出主意，让我担任太傅，剥夺了我的实权。曹爽让何晏担任了吏部尚书，邓飏、丁谧为尚书，毕轨为司隶校尉。这些小人一旦得志就为非作歹，朝廷没人敢惹。

曹爽跟我的矛盾由此产生。

问：你是怎么应对的？

答：一个字：忍。我知道曹爽斗不过我，索性让他疯狂几天。他封我的子弟三人为列侯，四人为骑都尉，儿子司马师为散骑常侍，我坚辞不受。我先用这个办法麻痹曹爽，让他觉得我们司马家族不跟他争权夺势，我们惹不起他。我经常告诫子弟，水满则溢，这是道家所忌，做人必须低调。以后的几年里，只要有战事发生，我就主动请求出征。

问：为什么？

答：在前线总比在朝廷安全。

问：曹爽愿意让你出征吗？

答：愿意。他觉得自己掌控了朝政，就可以掌控一切。

问：曹爽是如何疯狂的？

答：在我的“忍让”之下，曹爽更加得意忘形了。到了正始八年

（公元 247 年），曹爽采纳何晏、邓飏、丁谧等人的计谋，将郭太后迁到永宁宫，专擅朝政。他的兄弟掌握了禁军，多树亲党，屡改制度。我多次劝说无效，我们的矛盾彻底激化。我开始称病休息，不管他们的“闲事”了。没有了我的“干扰”，曹爽变得更加疯狂。他骄奢无度，生活腐化，吃的喝的穿的用的玩的都跟皇帝的差不多。他甚至私自带走曹叡的才人供自己享乐，他的弟弟曹羲多次劝谏，曹爽根本不予理睬。

问：你是怎样谋划除掉曹爽的？

答：装病。我故意放出风声，说自己病危了。曹爽听到这个消息，非常高兴，以为我一死，天下就是他的了。其实，我根本没病，我是在等待时机。只要时机成熟，我就会立即动手。

问：曹爽的心腹李胜出任荆州刺史，临走时他去看望你，你上演了一出精彩的戏剧，你真是一个天才的表演艺术家。

答：李胜是曹爽的心腹，如果让他看出我是假病，那就坏事了。所以，我故意胡言乱语，表演了一番，把李胜忽悠了。曹爽知道后，对我更加放心了。

问：高平陵之变，你大胆决策，解除了曹爽一帮人的兵权，然后将其灭族。这么大的行动，你有必胜的把握吗？如果失败，你想过后果吗？

答：有句话说得好，该出手时就出手。我忍让曹爽已经十年了，十年磨一剑，我要一剑定乾坤。正始十年（公元 249 年）正月，曹芳要拜祭高平陵（曹叡的陵寝），曹爽兄弟们都跟着去了。我觉得这是千载难逢的好机会，于是决定动手。我以郭太后的名义下诏，让曹爽兄弟交出兵权，并承诺不伤害他们的性命。曹爽犹豫再三，只得乖乖就范。实际上，曹爽太天真了，我难道只是要他们的兵权吗？我是要他们的命啊！于是，我下令将曹爽、曹羲、曹训、何晏、邓飏、丁谧、毕轨、李胜、桓范等人一律斩首，灭三族。至此，曹爽集团彻底覆灭了。

问：战胜曹爽后，曹芳让你当丞相，你为什么不当？

答：避嫌。我就是要让天下人都知道，我之所以发动这次政变，并不是要跟曹爽争权夺势，而是为朝廷锄奸。如果我当了丞相，这个谎言就站不住脚了。

问：你真够狡猾的？

答：这不是狡猾，这是智慧。

问：天子加你九锡，你也不受？

答：我早就说了，做人要低调，要那些没用的东西干什么？

问："九锡"是何等高的礼遇，许多人做梦都想得到呢，怎能说是没用的东西呢？

答：他们想得到，但我不想。如果我跟他们一样，那我就不是司马懿了。

问：太尉王淩阴谋废立，你事先怎么没有发觉？

答：王淩是王允的侄子，他与我哥哥司马朗关系较好，所以我对他十分信任，还让他当了太尉。但是，王淩对我们司马家族把持朝政感到不满，所以就勾结他外甥令狐愚（兖州刺史）想废掉曹芳，立楚王曹彪（曹操之子）为帝。但不久，令狐愚得病死了，令狐愚的心腹杨康到洛阳汇报兖州的工作，就告发了王淩与令狐愚的阴谋。当时我隐忍不发，后来等王淩准备借攻打东吴之机起兵的时候，我才率兵去平叛。结果，王淩束手就擒，饮毒自杀。曹彪也被赐死。

问：你这样做是为了自己，还是为了朝廷？

答：兼而有之。如果王凌的阴谋得逞，我们司马家族肯定要遭殃。从这一点来讲，我是为了自己。但是，从大的方面来讲，我还是为了国家。曹魏对我不薄，尤其是曹叡和曹芳，对我更好，我不能对不起他们。中途更换新君，势必引起天下大乱，我不想让这样的事情再次发生。王凌临死的时候说我对不起他，我说，宁肯对不起你一个人，也不能对不起国家。

问：你一直忠于朝廷，可后人对你的评价并不高，这是为什么？

答：我一生忠于曹魏，没有做对不起他们的事，我问心无愧。至于后人如何评价我，那是他们的事。我掌握朝政大权以后，还是低调做人，并没有其他想法。王凌死后，我为朝廷又立了一功，朝廷让我当相国，还要封我为郡公，我都推辞不干。

问：可你实际上是西晋王朝的奠基人。

答：诛杀曹爽集团后，我们司马家族掌握了朝政大权，这是事实。但是，我活着的时候没有篡位，我的儿子司马师和司马昭也没有篡位。至于我的孙子司马炎取代曹魏建立晋朝的时候，我死去已经十几年了。我之所以受到人们的非议，恐怕是受了司马炎的影响，毕竟是我们司马家族取代了曹魏。

问：你如何评价司马炎篡位这件事？

答：正如当年曹丕取代东汉王朝一样，司马炎取代曹魏建立晋朝，这是大势所趋，是历史的必然。老百姓希望有一个安全的生活环境，三国纷争的局面不能再继续下去了。司马炎顺应了这个历史潮流，是百姓之福，无可厚非。

问：俗话说，一个成功的男人背后，必定有一个不寻常的女人，能谈谈你的妻子吗？

答：我老婆名叫张春华，跟我是同乡，都是河南温县人。正如你所说，她才智过人，确实是个不寻常的女人，并且心狠手辣，拿得起、放得下，很了不起。当初，曹操让我做官，我以中风瘫痪为由拒绝。有一天，我正在卧床装病，外面突然下起了暴雨。我想起外面还晒着一些书籍，一时着急，竟忘了自己“中风瘫痪”，急忙起身到外面收书，结果被家中的一个婢女看见了。张春华害怕泄露秘密，就残忍地将那个婢女杀死了。杀了人之后，她竟然若无其事地到厨房做饭，好像没有发生任何事情。你想想，就凭这一点，她是一个平常的女人吗？她给我出过很多主意，是一个称职的贤内助。因此，讨一个好老婆非常重要。

第十四章

明元郭皇后：历史何以如此相似

曹芳下台是咎由自取

问：你是魏明帝曹叡的皇后，虽然名声不太显赫，但你历经曹魏五朝，可以说是曹魏兴亡的见证人。请问，你是如何当上皇后的?

答：我做梦都没想到能当上皇后。我是凉州西平郡（今青海省西宁市）人，我家世代都是大族，很有钱。魏文帝黄初二年（公元221年），西平人麴光造反，旋即失败。为此，我家受到牵连，全家人被抓入宫中当了奴隶。没想到，我被曹丕的儿子曹叡看上了，我的命运发生了重大转机。曹叡当了皇帝，将我拜为夫人，倍受宠爱。当时，曹叡的皇后是毛氏，但自从曹叡宠爱我之后，他就不喜欢毛氏了。曹叡晚年沉溺于女色，并且大兴土木，许多人劝说，但他根本不听。景初元年（公元237年）秋天，曹叡带着我和许多宫女到后花园玩乐，但却不让毛皇后参加，还命令左右的人不准告诉毛皇后。第二天，毛皇后知道了这件事，就讽刺了曹叡几句。曹叡一时恼怒，一连杀了身边的十几个人，并命令毛皇后自尽。这样，毛皇后就死了。毛皇后死了之后，曹叡并没有马上将我立为皇后，直到景初二年（公元238年）十二月他病重的时候，才匆忙将我立为皇后。转年正月，曹叡就死了。曹芳即位后，尊我为皇太后。

问：曹芳是你的儿子吗？

答：不是。曹芳是曹叡的养子。曹叡没有亲生儿子，他在临死前将曹芳立为皇太子。

问：你觉得曹芳这个人怎样？

答：曹芳即位的时候才八岁，还是一个娃娃，什么也不懂。根据曹叡的安排，由曹爽和司马懿共同辅政。不久，曹爽排挤司马懿，自己独揽朝政，司马懿韬光养晦，表面上不与曹爽争斗，实际上是在等待时机。十年后，曹爽集团被诛杀，司马懿完全掌控了朝政。司马懿死后，他的儿子司马师继续掌控朝政，曹芳根本没有实权。

问：曹芳与司马师的矛盾是怎么产生的？

答：司马师兄弟专权，引起中书令李丰、光禄大夫张缉（张皇后之父）等人的不满。他们与曹芳密谋，打算干掉司马师，让太常夏侯玄取而代之。不想，这件事被司马师知道了，司马师派人请李丰见面，要当面责问李丰。李丰知道事情败露，于是大骂司马师。司马师大怒，当场将李丰杀死了。随后，司马师下令逮捕了夏侯玄和张缉等人，一律斩首，并灭其三族。接着，司马师逼迫曹芳废掉了张皇后，立了王皇后。这样，司马师与曹芳的矛盾到了水火不容的地步。

问：司马师废掉曹芳是借了你的名义？

答：是的。李丰、张缉等人被杀后，曹芳心里也很害怕。这时，有人给曹芳出主意，让镇守许昌的司马昭出兵攻打蜀国的姜维，趁司马昭来洛阳领旨的机会将其干掉，然后再收拾司马师。司马昭来到洛阳后，曹芳看着已经写好诛杀司马昭的诏书，吓得浑身发抖，竟然不敢颁发诏书。于是，司马师以我的名义召集群臣开会，决定废掉曹芳。

问：他们的理由是什么?

答：他们说曹芳虽然长大了，但成天不理朝政，只顾与女人鬼混，并且任用小人，败坏朝纲等。中心意思只有一个，就是曹芳不适合当皇帝了。

问：司马师打算立谁为皇帝呢?

答：他们打算立彭城王曹据。我对他们说，曹据是武帝曹操的儿子，论辈分是我的叔父，如果立他为皇帝，那将我摆在什么位置?

问：你建议立了高贵乡公曹髦?

答：是的。曹髦是文帝曹丕的孙子，与曹芳是同辈，这样比较合适。司马师与群臣商量后，同意了我的建议，将曹髦立为皇帝。

问：你跟曹芳的关系怎样?

答：我跟曹芳没有任何血缘关系，只是名义上的母子而已。曹芳长大以后不务正业，比较喜欢女色。皇帝喜欢女色本无可厚非，但曹芳的做法太缺德、太过分。他成天跟郭怀、袁信等几个坏蛋在一起，跟女人们玩裸体游戏，甚至在大庭广众之下跟女人们淫乱，其场面不堪入目。

清商令（管理音乐歌舞的官员）令狐景劝说曹芳要注意自己的皇帝形象，但曹芳不听，还用弹弓打令狐景。令狐景是个不怕死的人，他又对曹芳说，你跟女人们淫乱的事如果让太后知道了，有你好看的。曹芳说，我是天子，难道不能想干什么就干什么吗?太后凭什么管我的事！于是，曹芳命人用烧红了的铁器烫令狐景的身体，把令狐景浑身都烫烂了。

曹芳的第一个皇后是甄氏，甄氏死后，曹芳打算立王贵人为皇后，但我另有人选，不同意立王贵人为皇后，而是立了张皇后。为此，曹芳很不满意，也不喜欢张皇后。我母亲杜氏死后，曹芳照样在后园玩乐，连一点礼节性的表示都没有。有人劝他说，皇太后是个孝女，现在她很悲痛，连水都不喝，陛下应该前去安慰，不应该在这里玩乐。但曹芳却说，老子就要这样做，谁能把老子怎么样？办完我母亲的丧事后，我非常生气，就将曹芳宠爱的张美人和禺婉都杀了。曹芳很悲愤，对令狐景等人说，太后杀了我宠爱的人，从此我们没有母子之情了。实际上，我们从来就没有什么母子之情。

问：也就是说，司马师请求废掉曹芳，你内心是同意的？

答：是的，我同意。我同意废掉曹芳，并不是因为他不是我的儿子，而是因为他太不像话。他是咎由自取。

问：曹芳是什么时候死的？

答：曹芳被废为齐王，迁出洛阳居住。就是在今天的河南辉县建了一座幽宫，将曹芳幽禁在里面。司马炎取代曹魏后，曹芳被降为邵陵县公。晋武帝泰始十年(公元 274 年),曹芳病死，终年四十三岁。

曹髦是一个值得尊敬的血性男儿

问：曹髦即位时才十四岁，他有能力掌控大局吗？

答：曹芳被废后，朝廷派太常王肃到郯县（今山东省郯城）迎接

就放下架子，多次登门拜访，请胡昭出山，辅佐自己争夺天下，但每一次都被胡昭婉拒。经过几次接触，胡昭还发现袁绍是个外宽内忌之人，为了以防不测，他悄悄逃离冀州，又隐居到乡里。曹操当司空和丞相的时候，求贤若渴，不厌其烦、几次三番请胡昭做官。胡昭没办法，只得去见曹操。见了曹操，胡昭对曹操说，自己只是一介野生，对国家没有什么用处，请求曹操放他回去。曹操非常遗憾地说："人各有志，不可强求。既然你不肯留下，那就随你的愿吧。"于是，胡昭离开曹操，隐居到陆浑山（在今天的河南嵩县）中，一边耕种，一边读书，一边练习书法，一边开馆办学，以此为乐，周围的百姓对他非常尊敬。

司马懿还没有做官的时候，与胡昭是好朋友。有一个叫周生的人要谋害司马懿，胡昭知道后，跑了很远的路去制止周生，但周生不听。胡昭哭着苦苦哀求，终于打动了周生，使他放弃了杀害司马懿的念头。胡昭对司马懿有恩，但他从不跟人提及此事，就连司马懿本人也不知道。

建安十六年（公元211年），西凉马超与曹操在潼关一带展开激战，附近的百姓纷纷逃入陆浑山中。山中没有吃的，有些百姓就互相抢掠，甚至发生流血事件。每当这时候，胡昭就出面调停，平息事态。大家逐渐了解了胡昭，因而对他非常敬重，愿意听他的话。在胡昭的感化下，陆浑山周围三百里没有再发生类似的事情。

建安二十三年（公元218年），刘备与曹操争夺汉中，陆浑县的县长张固奉上级命令，要在当地征调一批健壮的男子到汉中服役。第二年，即建安二十四年（公元219年），陆浑县的百姓不愿意到汉中送命，就在一个叫孙狼的农民组织下，冲到县府，杀了县主簿，发动叛乱。县长张固率领十几个县吏逃到胡昭所在的陆浑山中，并在胡昭草庐旁边居住下来。孙狼率人追到这里，一定要杀掉张固。但他得知张固逃到胡昭的住所附近时，立刻下令停止了追击，投奔关羽去了。当时，关羽正在围攻樊城，战事空前激烈。为了给魏国后方制造麻烦，关羽给了孙狼一些兵马，让他回去继续打游击，骚扰魏国的后方，以策应关羽的前方战事。孙狼与他的部队约定，任何地方都可以骚扰，只有胡昭所在的地盘不可以侵犯，因为胡先生是一个德高望重的贤人。这样，依赖胡昭的威望，四周的百姓没有遭受战乱之害，这简直是一个奇迹。

胡昭在陆浑山中住了三十多年，才搬到离洛阳较近的宜阳（今河南宜阳）居住。这时，朝廷许多高级官员又多次举荐胡昭入仕，都被胡昭拒绝。到了嘉平二年（公元 250 年），曹芳再次派公车准备征胡昭入朝，但胡昭已经去世了，享年八十九岁。曹芳十分惋惜，于是将胡昭的儿子胡纂拜为郎中，以示慰藉。

问：三国时期是一个比较浮躁的社会，你们为什么能做到终身不仕？

答：在人生的道路上有多种选择，有的人愿意当官，有的人愿意经商，有的人愿意做平头百姓，这是很正常的。正是因为这种多元化的选择，社会才显得惊心动魄，人生才显得丰富多彩。不管选择什么样的人生道路，只要活得快乐就行。我们终身不仕，并不等于我们无所作为。如果我们无所作为的话，历史也不会专门为我们立传。

第十八章

于禁：英雄成败皆偶然

问：在曹魏所有的名将中，你的人生跌宕起伏，充满悲剧色彩，主要是因为你投降关羽一事。关于这件事，人们有不同的说法，有的说你真的投降了关羽，有的说你只是被俘，并没有投降。到底怎么回事？

答：关羽围困樊城，曹仁向曹操求救，曹操派我和庞德前往樊城解围。到了樊城，曹仁让我们扎营樊城北面，以拒关羽。当时正值八月，大雨瓢泼，汉水都溢出了堤岸，我们率领的七支大军都成了鱼虾。这时，我率领诸将往高处避水，关羽乘坐大船来攻，我们走投无路，都被关羽俘虏。庞德在大堤上抵挡了一阵，想乘坐小船逃往曹仁的大营，但小船被洪水打翻了，庞德也被关羽擒获。关羽让庞德投降，庞德大骂关羽，关羽就将他杀了。

问：你为何不选择自杀？

答：当时，关羽水淹七军，虽然淹死了不少人，但我们还有几万将士生存。人只有在绝望的时候才选择自杀，在那种情况下，我怎么能选择自杀？我还想重整旗鼓，与关羽再战，但我没想到我们败得那么惨，最后连自杀的机会都没有了。所以，那次失败，纯属偶然。

庞德是抱着必死的决心跟关羽较量的，关羽水淹七军后，他也想逃命，但没有逃成。所以说，人只要有一线生机，是不会选择自杀的。当年项羽为什么会兵败自杀？就是因为他没有生存的希望了。

问：关羽为何没有杀你？

答：关羽当年归降曹操，跟我和张辽、徐晃等人有不同程度的交情。关羽是一个讲义气的人，他为了报答曹操的恩情，同时念及旧情，所以没有杀我。

问：关羽不杀你，说明你投降了他？

答：不是。如果我投降了关羽，关羽怎么会将我关在监狱里？我是曹操手下的一员战将，与张辽、张郃、徐晃、乐进等人齐名，为曹操立下数不清的战功。对于我的威名，关羽是非常了解的，如果我真的归降了关羽，他一定会非常高兴，一定会重用我，让我为他效力。但事实不是这样，关羽没有重用我，而是将我关入荆州（今湖北荆州市荆州区）监狱，这难道不能说明问题吗？

曹操手下的很多名将都是降将，比如张辽、张郃、徐晃、庞德等。刘备手下的黄忠、马超等不也是降将吗？我还从来没有听说过哪个降将被关在监狱里的。

问：这么说，你没有投降关羽？

答：我只是被关羽俘虏，而没有投降关羽。曹操误解了我，很多人都误解了我，历史也误解了我。庞德死后，曹操为他流泪；我没有死，曹操很不满意，说我跟了他三十年，在关键时刻却不如庞德。我兵败被俘，他不想办法营救我，却说出那样的话，实在令人心寒。

问：心寒什么？

答：我跟随曹操三十年，出生入死，立下无数战功，但他怎么就不允许我有一次失败呢？难道他不知道胜败乃兵家常事吗？

春秋时期，晋国主帅荀林父打了败仗，自动请求处以死罪，但晋景公却让他官复原职，继续统兵打仗。秦国的孟明视连吃败仗，秦穆公不仅不处罚他，反而多次进行安慰。曹操这样对我，我能不寒心吗？

问：后来你又成了孙权的俘虏？

答：关羽死后，孙权占据了荆州，将我从监狱里放了出来。实质上，我又成了孙权的俘虏。当时，孙权跟曹操互相利用，共同对付刘备，所以孙权对我比较友好。有一天，孙权外出，让我跟他并马而行，他手下一个叫虞翻的人不干了，对我破口大骂："你小子只是一个俘虏，有什么资格跟我家主公并马而行？"骂着骂着，他举起马鞭要打我，要不是孙权喝住，我真的就被人家打了。你想想，我堂堂一名大将，受这样的屈辱，我心里是一种什么滋味？

后来，孙权大宴群臣，又是喝酒，又是奏乐，好不热闹。而我独坐一旁，心如刀绞，眼泪忍不住哗哗流下来。虞翻看见后，又骂我说："你小子装什么装？你装出一副可怜相，难道想免死吗？"

问：虞翻为什么总跟你过不去？

答：不知道。

问：你哭什么？

答：我的心在北方而不在南方，但我却背着投降的骂名被人耻笑。我身不由己，死又不能，痛苦之心，谁人能解？我就想，要是当时关羽将我杀死，那该有多好啊！

问：孙权劝过你投降吗？

答：劝过，但我的志向不改，他知道我终究不会为东吴效力，所以没有勉强。

问：你在东吴待了几年？

答：一年多。魏曹丕黄初二年（公元221年），刘备称帝后，倾全国之兵，决意要为关羽报仇。孙权非常害怕，派使者向魏国称臣。为了表示诚意，孙权决定将我送回魏国。又是那个虞翻向孙权建议，要将我杀掉，免得放虎归山，但孙权没有听。回魏国那天，虞翻对我说："你别以为我们东吴没有人才，只是我家主公不听我的意见罢了。"

虞翻是个直言之人，天不怕地不怕，他多次冒犯孙权，险些被孙权杀死。后来我终于想明白了，虞翻连孙权都敢冒犯，何况对我这样一个俘虏呢？

问：回到魏国，曹丕是如何安排你的？

答：回到魏国之后，曹丕亲自接见了我。他见我头发胡子全白了，面容憔悴，已经不是当年的那个于禁，于是对我进行了一番安慰。曹丕效仿当年晋景公和秦穆公的做法，拜我为安远将军。上任前，他让我先去拜谒曹操的陵墓。

问：你在曹操的陵屋看见了你投降关羽的画像？

答：本来，我是怀着对曹操父子的感激之情去拜谒曹操陵墓的，同时也有向曹操请罪的意思。但是，到了曹操的陵屋，我看到了一幅致命画像。在这幅画像中，我跪在关羽面前，做乞降状，而画像中的庞德却怒视着我。此时此刻，我的心灵受到了前所未有的羞辱，我眼前一黑，当场栽倒在地。

问：因为这件事，你发病而死？

答：是的，我能忍受任何人对我的羞辱，就是忍受不了曹丕对我的羞辱。我对曹家忠心耿耿，曹丕怎么能这样对我？如果我真是变节投降，我回魏国干什么？

问：你对自己的一生作何评价？

答：我一生忠于曹魏，即使被俘后也没有做过任何对不起曹魏的事，我问心无愧。至于曹魏认为我变节投降，那是他们的事，我有口难辩。

司马光在评价曹丕的做法时说，于禁兵败被俘，后来又回到魏国，曹丕可以不用他，也可以杀掉他，但用画像来羞辱他，这是很不应该的。

说到我的人生经历，我就想到了关羽。关羽当年兵败投降了曹操，为曹操斩杀了袁绍的名将颜良，但后来关羽回到刘备身边，刘备并没有因为关羽的投降而羞辱他，照样亲近和重用关羽。而我兵败被俘后，既没有为关羽效力，也没有为孙权服务，反而受到曹丕的羞辱，这就是人的不同命运。所以，遇到一个什么样的领导，对人的命运是非常重要的。

第十九章

孙坚：创业艰难百战多

曾经劝张温杀掉董卓

问：你是吴国的奠基人，据说你小时候就非常勇敢，是这样的吗？

答：实际上，吴国的奠基人不是我，而是我的儿子孙策。我是吴郡富春（今浙江富阳）人，我家世代都在吴地做官，我少年的时候就当了县吏。十七岁那年，我跟爸爸孙钟坐船到钱塘，途中遇到海盗胡玉一帮人抢了财物，正在岸上分赃。当时，商旅行人见到这种情况，都吓得止步不前，有的甚至停船不敢前行。我心中大怒，要提刀上岸杀贼。爸爸对我说，这不是你应该管的事，再说，你一个人也惹不起那帮海盗。我不听，也不怕，还是上了岸，向海盗们冲去。我一边冲，一边用手向东向西指挥着，好像在布置众人向海盗包抄围捕似的。海盗们远远看见这种状况，以为官兵来了，就吓得扔掉财物，纷纷逃散了。我不肯罢休，紧追不放，最后杀了一个海盗。从此，我名声大振，引起官府的重视，让我做了代理校尉。

问：也就是说，你不仅勇敢，而且还有谋？

答：不错。熹平元年（公元 172 年），会稽（今浙江绍兴）人许昌跟他儿子许韶在句章（故址在今浙江慈溪市南）兴兵作乱，并自称阳明皇帝。我招募精兵千余人，参加了平叛作战，最后将许昌父子统统杀死。扬州刺史臧旻，就是臧洪的爸爸，向朝廷请功，我被提拔为盐渎（今江苏盐城市盐都区）县丞，后来又迁任盱眙县丞、下邳县丞。

问：据说你在这些地方的威信都很高？

答：不管是在盐渎，还是在盱眙或者下邳，百姓们都愿意跟我交往，尤其是跟我年纪相仿的后生们，都跟我处成了铁哥们儿。

问：他们为什么愿意跟你交往？

答：要想别人对你好，你首先得对别人好。我对待他们像对待亲人一样，所以他们都愿意跟我交往。

问：黄巾起义爆发后，你跟随中郎将朱俊跟黄巾军作战，险些丢了性命？

答：当时，朝廷派车骑将军皇甫嵩、中郎将朱俊讨伐黄巾军，朱俊让我做了他的佐军司马。我从淮、泗一带招募了一些精兵，加上跟我到下邳的同乡后生，一共有千余人，跟随朱俊作战。我天生是个不怕死的料，每次作战总是冲锋在前，根本不顾及自己的性命。有一次，我在西华（今河南省西华县）作战时受伤，从马上掉下来，昏迷在草丛中。我的那匹战马跑到军营嘶鸣，将士们跟着我的战马，在草丛中找到了我，将我弄回了军营。要不是那匹战马救了我，我可能就死了。十几天后，我的伤刚有好转，我就又投入战斗了。

问：在攻打宛城时，是你率先登上城头的？

答：汝州和颍州的黄巾军退守宛城，我独当一面，率先杀上城头，终于攻克了宛城。朱俊非常高兴，上奏朝廷，让我做了别部司马。

问：后来你怎么又做了张温的部下？

答：边章、韩遂在凉州作乱，当时担任中郎将的董卓奉命讨伐，但毫无进展。中平三年（公元 186 年），朝廷派司空张温统领西北军马，讨伐边章和韩遂，张温听说我是一员猛将，就让我做了他的部下。

问：你为什么劝张温杀掉董卓？

答：我随张温到了长安，张温用诏书召见董卓，董卓迟迟才到。张温责备了他几句，可董卓拒不认错，还找了若干理由来敷衍。当时我就在张温身边，我发现董卓这个人非常高傲，根本不把朝廷的诏书放在眼里，怎么能听张温的调遣？因此，我悄悄对张温说，董卓如此傲慢，应该按违诏将其杀掉。

问：张温为什么不听？

答：张温说，董卓在西北的威望很高，今天如果将其杀掉，我军西征就没有了依靠。我说，您率领大军出征，何必依靠董卓？董卓藐视朝廷，对您无礼，此一罪也。边章、韩遂作乱多年，董卓应该及时进剿，可他迟迟疑疑，不思进取，此二罪也。董卓身为朝廷命官，多年无功，不能及时应诏，态度傲慢，此三罪也。有这三条罪状，足可以杀掉董卓，以正军纪。但是，张温还是不听。实际上，张温是个文官，对军事不是内行，所以他一心想依靠董卓，这才是他不杀董卓的真正原因。如果张温听了我的建议，就不会有后来的董卓之乱，张温也不会死在董卓手里。

问：张温是怎么死的？

答：后来董卓专权，他指使人诬告张温与袁术勾结，就把张温杀了。

问：你劝说张温杀掉董卓，确实有先见之明，你当时就知道董卓会祸乱天下吗？

答：这倒不是。不过，我当时觉得董卓确实不是正经人，想不到他后来会发展成天下的大害虫。

城头变幻大王旗

问：你是如何当上长沙太守的？

答：中平三年（公元186年）十二月，我随张温奉命回到京师洛阳，朝廷让我做了议郎。第二年十月，也就是中平四年（公元187年）十月，长沙人区星自称将军，发动万余人起义，朝廷就让我出任长沙太守，到那里镇压。我实际上是临危受命。

问：你打败区星后，又越境讨伐零陵、桂阳地区的农民起义，这是违犯纪律的行为，你不怕受到朝廷的处罚吗？

答：我打败区星后，零陵、桂阳地区也爆发了农民起义，响应区星。当时，庐江太守陆康的从子在宜春当县长，被周朝、郭石的起义军围困，派人向我求救。手下人劝我不要去，我说，我没有什么文德，打仗是我的特长，现在人家有难，我怎能不救？如果因为我越境讨伐而获罪，那我也认了。于是，我率部向宜春进军。起义军得到我进军的消息，吓得都撤退了。事后，朝廷不但没有责怪我，反而封我为乌程（旧县名，在今浙江湖州城南二十五里处）侯。

问：讨伐董卓前，你路过荆州的时候，为什么要杀掉荆州刺史王叡？

答：荆州刺史王叡曾经跟我共同在零陵和桂阳平叛，但王叡认为我是一介武夫，打心眼里瞧不起我，经常用言语欺负我。王叡与武陵（治所在今湖南常德市）太守曹寅不和，扬炎要先杀掉曹寅，然后起兵讨董。曹寅知道后，非常害怕，就派人给我送了一道假命令，说王叡要起兵造反，让我袭杀王叡。我误以为真，就率部袭击王叡。王叡派人问我为什么要打他，我的前锋将领说，现在军需紧缺，希望王叡资助。所以不是来打他的，是来取军需的。王叡打开城门，放我的部队进城，突然发现我也在军中，他大惊失色，问我为什么亲自到此？我说，奉命拿你的狗头。王叡不明真相，就吞金自杀了。

问：到了南阳之后，你为什么要杀掉南阳太守张咨？

答：南阳太守张咨是董卓任命的官员。我率部到达南阳后，打算向他借粮，但张咨既不借粮，也不见我。我非常生气，就派兵将张咨诱杀了。南阳的官员都知道我不好惹，所以我再借粮的时候，他们就不敢不给了，而且我要多少，他们给多少。

问：你与董卓军作战的时候，险些丧命？

答：是的。打仗时时处处都有生命危险，这是常事。我率部到达鲁阳（今河南省鲁山县），与袁术合兵，袁术让我当了破虏将军，领豫州刺史。我在鲁阳休整部队，准备与董卓的军队作战。这时，董卓派一万多人来攻，我正在城外与众将喝酒，欢送长史公仇称外出调粮。董卓的十几个骑兵突然冲来，将领们都很害怕，而我则命令大家继续喝酒。敌人越来越多，我才从容进入鲁阳城迎战。董卓的军队见我军容整齐，早有准备，所以吓得都退走了。这一次，我没有动刀枪就吓退了敌人。初平二年（公元 191 年）二月，我进军到梁县（今河南汝州西）东面，被董卓部将徐荣击败。我率数十骑突围的时候，将我经常戴的红头巾给了部下祖茂。董卓军以为戴红头巾的人就是我，于是紧追不放。这样，我才成功逃脱。祖茂被追得无路可逃，突然急中生智，将红头巾蒙在一个坟墓的烧柱上，自己躲进了草丛中。董卓军将那个坟墓层层包围，走近一看，才知道是一根烧柱，于是就都退了。祖茂救了我的命，我非常感谢他。

问：董卓的名将华雄是你斩杀的？

答：是的。那次失败之后，我重整旗鼓，在阳人城（故址在今河南汝州市西北）迎敌。董卓派胡轸和吕布前来进攻，因为胡轸和吕布不和，被我打得大败，华雄也被我杀了。

问：董卓被你打怕了，于是派李傕想跟你结亲，被你严词拒绝？

答：当时，关东讨伐董卓的部队屡屡失败，只有我率领的军队所向披靡，一直向洛阳推进。董卓非常害怕，就派李傕见我，想跟我结亲，并让我的子弟担任刺史、郡守等。我说，董卓逆天无道，破坏朝廷，如果不将其夷灭三族，我死不瞑目，岂能与你们结亲？我继续率部向洛阳进军，打到离洛阳九十里的大谷时，董卓亲自督军跟我作战，被我大败。董卓吓得烧了洛阳，慌忙逃往潼关去了。

问：你在洛阳得到了传国玉玺？

答：董卓西逃后，洛阳实际上已是一座空城。我打跑了吕布，进入洛阳。当时的洛阳城已经被董卓烧得满目疮痍，我命令部队清扫汉室宗庙，军士在城南的一口井中发现了传国玉玺。据说，这块玉玺是张让劫持汉少帝逃出洛阳时，掌管玉玺的人投到井中的。

问：结果是袁术夺走了玉玺？

答：我退出洛阳回到鲁阳，袁术知道我得到了传国玉玺，就拘禁了我的夫人。没办法，我只得将玉玺送给袁术。袁术早有称帝的野心，他很想得到这块传国玉玺。

问：你是如何丢掉豫州刺史这个头衔的？

答：董卓劫持汉献帝迁都长安后，关东各路诸侯开始互相攻杀，极力争夺地盘。袁绍趁我跟董卓交战的空当，任命一个叫周昂的人为豫州刺史，袭夺豫州。对此，我非常伤心。大家同起义兵，为的是剿灭董卓，共扶汉室。目前董卓还没有死，自己人倒先干起来了，真是让人寒心啊。袁术派公孙瓒的从弟公孙越帮助我攻打周昂，结果公孙越中箭而死。为此，公孙瓒认为公孙越的死是由袁绍造成的，于是二人也闹翻了。

袁术在南阳不得人心，他与袁绍有矛盾，袁绍联络荆州刺史刘表，而袁术则勾结公孙瓒。军阀混战就这样开始了。

问：你实际上也是军阀混战的牺牲品？

答：是的。袁术要扩充地盘，命令我攻打荆州的刘表，刘表派部将黄祖进行阻击。我跟黄祖在邓州（今河南邓州）一带展开激战，大败黄祖。我乘胜追击，渡过汉水，包围了襄阳。刘表命令黄祖撤出襄阳，又被我打败。黄祖逃入山中，我连夜追击，结果被黄祖的军士射杀。

人们说我是吴国的奠基人，实际上不是。我虽然征战多年，但最后什么也没有得到，吴国真正的奠基人是我的儿子孙策。

出师未捷身先死

问：孙策是怎样成为袁术部下的？

答：我率部讨伐董卓的时候，孙策还很小，才十来岁，我的家眷都住在寿春（今安徽寿县）。别看这小子年纪小，但喜欢结交名士，在当地很有名。当时，周瑜听到孙策的名声，就从舒县（故址在今安徽庐江县西）到寿春拜访孙策，两人成了结拜兄弟。实际上，孙策与周瑜同岁。后来，周瑜劝孙策迁往舒县，孙策就带着我们全家到了舒县。孙策的威名引起徐州牧陶谦的警惕，陶谦就设法排挤孙策。没办法，孙策只得带着我们全家投靠了他舅舅吴景，因为吴景是丹阳（故址在今安徽宣城）太守。兴平元年（公元 194 年），孙策到寿春投奔袁术，得到袁术的重用，袁术将我原来的部队统归孙策领导。

问：袁术不是在南阳吗，怎么又到了寿春？

答：我死之后，刘表派兵攻击袁术，袁术在南阳不能立足，只得逃到封丘。封丘是曹操的地盘，不容别人来占，曹操和袁绍联合攻打袁术，一直将袁术赶到阴陵（今安徽定远）。袁术不甘心失败，收拾败军复攻寿春（当时是扬州和九江郡的治所）。扬州刺史陈瑀打不过袁术，吓得逃跑了，袁术便占领了寿春，自领扬州刺史，兼称徐州伯。袁术非常欣赏孙策的才能，经常感叹说，他要是能有像孙策这样的儿子，死了也没有遗憾了。

问：实际上，袁术并没有重用孙策，只是把孙策当作他的利用工具而已？

答：一开始，袁术答应让孙策担任九江太守，但袁术没有兑现自己的诺言，而是用了陈纪当了九江太守。后来，袁术要攻打徐州，向庐江太守陆康借粮，陆康没有答应。袁术大怒，派孙策攻打陆康。袁术又忽悠孙策说，用陈纪当九江太守并非他的本意，这一次如果能将陆康打败，就让孙策当庐江太守。结果，孙策将陆康打败后，袁术再一次食言，让他的老部下刘勋当了庐江太守。袁术是一个不守信用的小人。

问：孙策是什么时候计划离开袁术，自立门户的？

答：袁术几次食言，孙策非常失望。这时，朝廷任命刘繇为扬州刺史，但治所寿春已被袁术占领，刘繇就到曲阿（今江苏丹阳）上任。当时，孙策的舅舅吴景还在丹阳，刘繇就攻打吴景，将吴景赶到历阳（今安徽和县）。袁术为了赶走刘繇，就任命老部下惠衢为扬州刺史，任命吴景为督军中郎将，与刘繇交兵。但打了一年多，毫无进展。这时，我原先的手下朱治见袁术不是只好鸟，就劝孙策趁早离开袁术，到江东创业。孙策以帮助他舅舅吴景打仗，为袁术平定江东为名，就到历阳去了。这时，周瑜的从父周尚正担任丹阳太守，周瑜便领兵迎接孙策。二人合兵一处，打败了刘繇的两员大将。接着，孙策和周瑜渡过长江，连续攻城略地，所向披靡。不久，孙策进攻曲阿，刘繇败走丹徒，孙策占领了曲阿，从此威震江东。

问：孙策年纪不大，为什么会取得这么大的战绩？

答：孙策性格豪爽，平易近人，而且是真心待人，所以大家都愿意为他卖命。

问：后来呢？

答：孙策攻下曲阿，并没有满足，而是继续扩大战果。他占领了会稽，自领会稽太守，然后任命吴景为丹阳太守，孙贲（孙坚的侄子）为豫章太守，孙贲的弟弟孙辅为庐陵太守，朱治为吴郡太守，以张昭、张纮、秦松、陈瑞等为谋士。

问：孙策是如何与袁术决裂的？

答：建安元年（公元196年），袁术要称帝，孙策让张纮给袁术写信，劝他不要称帝，但袁术不听。这样，孙策就跟袁术决裂了。

问：曹操为了争霸天下，曾经拉拢你们孙家？

答：是的。曹操见孙策在江东有了起色，非常担忧。为了拉拢我们孙家，他上表朝廷，拜孙策为讨逆将军，封吴侯。同时，曹操还把他的侄女许配给我的儿子孙匡，让他的长子曹彰娶了孙贲的女儿，对我的另两个儿子孙权和孙翊也作了相应安排。

问：官渡大战的时候，孙策曾经想袭击许昌，夺回汉献帝？

答：是的。可惜孙策壮志未酬，竟被许贡的门客杀死。

问：他们为什么要杀孙策？

答：许贡当吴郡太守的时候，给汉献帝上表，说孙策是一个枭雄，跟当年的项羽差不多，应该将孙策召回京师，不要让其在江东作乱。孙策得到这份上表，就当面与许贡对质，许贡拒不承认，孙策大怒，就将许贡杀了。许贡的门客记下了这笔仇恨，伺机为许贡报仇。

建安五年（公元200年），曹操和袁绍在官渡大战的时候，孙策本来准备趁机袭击许昌，夺回汉献帝。但是，当他西征黄祖的时候，广陵太守陈登为了给陈瑀报仇，就勾结严白虎的余党，想除掉孙策。孙策知道后大怒，率部东返，准备攻打陈登所在的射阳。大军到达丹徒的时候，军粮没了，孙策就在丹徒等待军粮。孙策喜欢打猎，他趁军粮未到的空当，就带着几个人到山中打猎。孙策的马跑得快，后面的人跟不上，他在前面突然遇到三个陌生人。孙策问他们是干什么的，三人说是韩当的部下，在此射鹿。孙策说，韩当的兵士我都认识，怎么不认识你们？便搭弓射倒一人。其余二人狗急跳墙，也举弓射击，一下子射中了孙策的面部。这时，孙策的随从赶来，杀死了另两个刺客，将孙策救回。但由于伤势严重，孙策还是死了，死时才二十六岁，真是太可惜了。

问：孙策的悲剧跟他的性格有关吗？

答：有。孙策虽然有勇有谋，但毕竟年轻气盛，有时显得非常倔强、轻率、急躁，不计后果，这一点跟我的性格十分相似。会稽郡功曹魏腾性格直率，刚正不阿，坚持原则，不看上级的脸色办事。有一次，魏腾违背了孙策的意志，激怒了孙策，孙策要杀魏腾，大家都不敢劝。他母亲知道后，跑到井边要跳井自杀，孙策才放了魏腾。

孙策在丹徒等粮的时候，也不应该到山中打猎。当时天下大乱，事业未成，作为一名统帅，应该研究军情，处理军务，怎么能带着几个人出去打猎呢？当他碰到三个陌生人的时候，应该赶紧回避，弄清情况，而不应该轻率射杀一人，以致招来了杀身之祸。

当然，孙策有很多优点。他有勇有谋、素有大志、嫉恶如仇、胸怀宽广、知人善用等。但是，人有一百个优点不算多，有一个致命弱点，就可能遗憾终身。孙策的悲剧就是一个例证。

问：孙策实际上是东吴的奠基人？

答：是的。孙策横扫江东，建立了自己的武装，拥有了自己的地盘，为后来吴国的建立打下了坚实基础，他才是吴国真正的奠基人。我虽然也征战多年，但我没有自己的地盘，一直为别人打工。从这一点来说，我不如我儿子孙策。

第二十章

孙权：坐江山比打江山更难

树立威信要靠自己

问：你哥哥孙策死的那年，你几岁？

答：我生于汉灵帝光和五年（公元182年），我爸爸孙坚死的那年（公元191年），我十岁；我哥哥孙策死的那年（公元200年），我十九岁。

问：你有把握继承父兄的事业吗？

答：没有。我哥哥孙策虽然拥有了会稽、吴郡、丹阳、豫章、庐江、庐陵等地盘，但很多地方并未真正臣服。我哥哥孙策死后，很多人认为江东成不了气候，我也成不了气候，所以人心不稳，有的人甚至离我而去。只有张昭、周瑜等人对我充满信心，真心辅佐我。能不能继续父兄的事业，我心里没底。

问：所以你只知道哭？

答：是的。我哥哥的死属于突发事件，让我统领江东事务，我毫无思想准备，只知道哭。张昭对我说，现在不是哭的时候，再说哭也没用，应该振作起来，率领大家干一番事业。他让我脱掉孝服，扶我上马，去检阅部队。实际上，张昭这样做，就是要告诉大家，孙策虽然死了，孙权就是江东的统帅，大家不要有什么想法。有了张昭、周瑜等人的支持，我心里就踏实了很多。所以说，干大事业必须靠大家，靠一个人是不行的。

问：张昭和周瑜为什么那么信任你？

答：我哥哥孙策在江东起事后，经常让我跟在他身边。我虽然年纪小，但那时候就能参与军事了。有时候遇到难题，哥哥还向我问计，我总能想出办法。为此，哥哥非常吃惊，认为自己在谋略方面还不如弟弟。我哥哥每次跟大家吃饭，都要把我介绍给大家，让大家认识我、了解我。所以，要让更多的人了解你，你就必须推介自己。当然，最好的办法是让别人推介，自己推介自己肯定是不行的。张昭、周瑜等人对我比较了解。这一点，我要感谢我哥哥孙策。

问：也就是说，你从小就得到了锻炼？

答：这一点非常重要。在人的成长过程中，不经过锻炼是难以成材的。刘禅为什么不行？就是因为缺乏锻炼。任何优秀的人才，都是经过千锤百炼、一步一步成长起来的。

问：据说孙策死后，曹操想趁机攻打江东？

答：这一点要感谢张纮。建安四年（公元 199 年），我哥哥孙策派张纮到许昌为他求官，曹操就将张纮留在了许昌，还让张纮当了侍御史。曹操听说我哥哥遇害，就想出兵攻打江东。张纮对曹操说，乘人之丧，太不仗义，如果打不胜，岂不是又结了一个仇敌？还不如对孙家好一点，多交一个朋友。曹操当时刚刚在官渡打败了袁绍，但袁绍的残余势力还没有消灭，要迅速东进攻打江东根本不可能，所以曹操顺水推舟，采纳了张纮的建议，没有出兵东进。他上表朝廷，拜我为讨虏将军，领会稽太守。

问：张纮是怎么回到你身边的？

答：曹操想在我身边安插一颗棋子，就让张纮出任会稽东部都尉。

实际上，张纮不想为曹操服务，他的心在我们孙家。正好有这个机会，他就名正言顺地回到了我身边。

问：你对他就那么信任吗？

答：张纮回来后，有人说他是曹操任命的官员，恐怕有二心，建议我不要重用他，我没有听。疑人不用，用人不疑。张纮毕竟是我哥哥孙策的旧人，他的根在江东，我为什么要怀疑他呢？他也是我们孙家的大恩人。所以，干大事的人必须有一个宽广的胸怀，如果小肚鸡肠，疑心太重，肯定会众叛亲离，最终一事无成。

问：周瑜向你推荐了鲁肃，鲁肃给你分析了怎样的形势？

答：鲁肃是临淮东城（今安徽定远县）人，当过东城县的县长，后来投奔了周瑜，举家迁到了曲阿。他奶奶死后，他将奶奶归葬东城。当时，鲁肃的一个好朋友叫刘子扬，写信让他投奔巢湖的郑宝（当地豪强）。鲁肃办完丧事回到曲阿，准备带他母亲北上到巢湖投奔郑宝。当他回到曲阿的时候，他的母亲已经被周瑜接到吴郡去了。鲁肃赶到吴郡，见了周瑜，说了自己的打算，被周瑜阻拦。周瑜将鲁肃推荐给我，这样，我认识了鲁肃。

接见鲁肃之后，我留下他喝酒，向他请教如何才能成就一番霸业。鲁肃分析说，从目前的情况来看，汉室恐怕难以复兴了，而曹操也不可能一时间消灭，只有保守江东，以观天下之变。现在北方乱得一塌糊涂，我们可以趁机剿除黄祖，进伐荆州的刘表，占据长江天险，然后建国称号，这样就可以成就一番霸业。

问：你觉得鲁肃分析得有道理吗？

答：鲁肃不愧是一位卓越的战略家，他的战略眼光不比诸葛亮差。

问：据说张昭认为鲁肃太年轻，不可重用，你为什么不听？

答：有志不在年高。这一年，我十九岁，鲁肃比我大十岁，已经二十九岁了，周瑜二十六岁，他们都比我大，我能统领江东，为什么就不能重用他们呢？我没有听张昭的意见，反而对鲁肃更加敬重了。

我们用人就是要打破年龄界限，只要他有才能，就要大胆提拔使用。没有才能的人，活到一百岁还是没才能，如果总是论资排辈，就很难用到真正的人才。

问：也就是说，你接班的时候，在江东还没有威信，主要依靠张昭、张纮、周瑜等人的辅佐，你是怎样树立自己的威信的？

答：总是靠手下人树立威信，那是树立不起来的，最终必须依靠自己。

问：你是怎样做的？

答：举一个例子。我的堂兄孙辅担任庐陵太守，他认为我守不住江东，江东必定为曹操所占，所以就秘密给曹操写信，让曹操攻打江东。我知道这件事后，当机立断，把孙辅身边亲近的人全部斩杀，将他的部队调离。因为孙辅是我的堂兄，我没有杀他。

问：这件事对提高你的威望有作用吗？

答：有。杀了孙辅身边的人，实际上起到了“杀鸡吓猴”的作用。一方面，我要告诉我们宗室的人，不要向孙辅那样有二心，要一心一意为江东的事业服务，如果再有其他想法，我就不客气了；另一方面，我要告诉所有的部下，一定要同心同德，共谋大事，如果谁要吃里爬外，我是决不会轻饶的。所以，作为一把手，要敢于决策，特别是在关键问题上，要有当机立断的勇气和魄力。优柔寡断、瞻前顾后，怎么能树立起自己的威信？

问：庐江太守李术也不服从你的领导？

答：是的。我哥哥孙策活着的时候，让李术担任了庐江太守。建安五年（公元200年）十月，李术截杀了曹操任命的扬州刺史严象，但他又觉得我难以保住江东，所以不肯听从我的命令。当时，我在江东还没有树立起威望，很多人都背我而去，被李术接纳。我没有采取强硬态度，因为李术不信任我，我能理解，所以我先给他写信，让他将那些逃亡的人一律遣送回来。但李术回信说，如果我是一个有德的人，那些逃亡者自然会回去，如果我是一个无才无德的人，就不应该让这些人再回去。我知道，李术是不会回头的，如果不拿李术开刀，我难以让大家臣服。所以，我决定来一点硬的，把这股歪风压下去。

出征前，我给曹操写了一封信，陈述了李术杀害“朝廷”命官严象的罪行，希望曹操不要解救李术。果然，我出兵攻打李术所在的皖城（故址在今安徽潜山县），李术向曹操求救，曹操置之不理。攻破皖城之后，我将李术枭首示众，俘获军士三万余人。

杀了李术，我的威信逐渐树立起来了。

问：曹操让你送一个儿子到许昌做人质，你为什么敢违抗曹操的命令？

答：这件事发生在建安七年（公元202年）。当时，曹操在官渡大胜袁绍后，势力越来越大。他非常得意，就命令我送一个儿子到许昌做人质。我与群臣商议，送还是不送？张昭、秦松等人都拿不定主意。他们的考虑是：如果不听曹操的命令，势必得罪了曹操；如果听从曹操的命令，等于江东向曹操臣服，所以他们犹豫不决。

问：你的意思呢？

答：我肯定不愿意受曹操的摆布。于是，我跟周瑜征求我母亲的意见。周瑜说，如今我们在江东占有六郡，兵精粮足，有什么可怕的？如果送了人质，必定会受制于曹操，所以坚决不能听曹操的命令。我母亲非常赞同周瑜的意见，最后没有给曹操送人质。通过这件事，我的威信进一步得到了提升。大家终于认定，我不是一个孬种，是一个值得扶持的人。

所以，威信的树立不是靠别人，而是靠自己。一个人有没有威信，不在于他的地位有多高，也不在于他的势力有多大，主要在于他的德行。汉献帝身为皇帝，他的地位无人能比，但他为什么没有威信呢？就是因为他没有作为。一个人无所作为，是很难树立起威信的。

决策事务要看清孰轻孰重

问：黄祖是你爸爸孙坚的仇人，你征讨黄祖单单是为了给你爸爸报仇吗？

答：黄祖是刘表的部下，担任江夏（治所在今湖北武汉市新洲区）太守。我西征黄祖，一来是为我爸爸报仇，但主要的目的还不在此，主要目的是要开疆扩土，实施鲁肃提出的战略路线。

一个优秀的政治家，如果仅仅为了报私仇而出兵，那他的目光就太短浅了。

问：第一次征伐黄祖，为什么没有成功？

答：第一次征伐黄祖是在建安八年（公元203年）冬天。我们已经击败了黄祖的水军，正准备攻城，但后方传来山越人（百越人的后裔）作乱的消息，我们不得不撤兵。我认为当时后方的稳定比西征黄祖更为重要，如果后方不稳，一切都是徒劳，所以我当机立断，放弃继续攻打黄祖，回师去稳定后方。路过豫章（今江西南昌）的时候，我派征虏中郎将吕范平定了鄱阳，派荡寇中郎将程普讨伐乐安，建昌都尉太史慈领海昏（今江西永修西北），让别部司马黄盖、韩当、周泰、吕蒙等兼任山越人活动最频繁地区的县长。我们回师的目的就是要镇压山越人的叛乱。

问：第二次讨伐黄祖呢？

答：建安九年（公元204年），我主要在江西一带指挥镇压山越人的叛乱。到了年底，后方又发生了一件大事，我弟弟丹阳太守孙翊被身边一个叫边鸿的人杀害了。

问：边鸿为什么要杀害你弟弟？

答：冤有头、债有主，这件事是由我引发的。前吴郡太守盛宪因病去官，我哥哥孙策平定吴郡、会稽后，诛杀了当地的一些英豪，但没有杀盛宪。盛宪非常害怕，就想投靠曹操，被我杀死。盛宪手下有两个人，一个叫妫览，一个叫戴员，二人见主子被杀，便逃到山中，后来被我弟弟孙翊所用，妫览做了丹阳大都督，戴员做了丹阳郡丞。二人为了给盛宪报仇，就买通孙翊身边的边鸿，让边鸿杀害了孙翊。妫览、戴员为了杀人灭口，又将边鸿杀死。这时，将军孙河（孙坚养子）镇守京城吴郡，听到孙翊被害，就火速赶到宛陵（丹阳郡治所，即今安徽宣城），责骂二人没有保护好孙翊，致使孙翊被小人谋害。二人害怕我回来问罪，干脆将孙河也杀了，并派人与扬州刺史刘馥（曹操任命的官员）相勾结，让刘馥到历阳，二人做内应，夺取丹阳。

妫览这小子密谋杀害了孙翊,还要强娶孙翊的妻子徐氏。徐氏是个有心计的女人，她假装答应了妫览，说等办完孙翊的丧事再嫁给他，妫览相信了。于是，徐氏就与孙翊的几个部下密谋，杀死了妫览和戴员。后方出了这么大的变故，我只得从椒丘（今江西新建县东北）火速赶往丹阳。到了丹阳之后，我下令将妫览、戴员的党羽全部斩除，这才稳定了局势。然后，我回到了吴郡。第二次西征黄祖，那是建安十二年（公元 207 年）的事了。

问：为什么间隔了这么长时间？

答：主要原因是山越人时时作乱，后方有问题，如果后方不稳，我不敢贸然西征。

问：第二次为什么会半途而废？

答：我母亲病危，我只得班师。

问：你母亲是个了不起的女人！

答：我母亲是个伟大的女性。她很有政治头脑，对我巩固江东政权起了非常重要的作用。母亲病危，我不能不回去见她老人家最后一面。

问：第三次呢？

答：第三次在建安十三年（公元 208 年）春天。黄祖派重兵在沔

（miǎn）口（沔口即夏口，今湖北汉口）阻击，被董袭、凌统的前锋击败。黄祖仓皇而逃，被我军杀死。这一次，我终于为我爸爸报了仇。打败黄祖，我还收得一员大将，他就是甘宁。

问：打败黄祖后，你为什么不乘胜攻取荆州？

答：刘表死后，我派鲁肃到荆州吊丧，实际上是想联合刘备，共拒曹操。但是，鲁肃刚走到南郡（今湖北荆州市荆州区），曹操的大军已经昼夜兼程赶到荆州（襄阳），刘琮投降，荆州为曹操所得，刘备也被曹操打跑了。在当阳长坂，鲁肃碰到了南逃的刘备，于是跟刘备建立了孙刘同盟，准备共拒曹操。

问：后来就爆发了赤壁大战？

答：不错。我们在赤壁打败了曹操，取得了胜利，曹操狼狈逃回了北方。

问：你为何要将荆州借给刘备？

答：赤壁大战后，刘备乘机得了武陵、长沙、桂阳、零陵四个郡。刘琦死后，刘备和我互相吹捧，他让我做了徐州牧，我让他做了荆州牧。后来，他嫌地盘小，容纳不下他的部队，就到京口见我，请求暂借荆州数郡。当时周瑜坚决不同意，但鲁肃出于孙刘联盟考虑，劝我答应刘备的请求，我就答应了。我觉得为了保证江东的安全，就必须与刘备联手，如果因为几个地方与刘备翻脸，我们都会被曹操吃掉。所以，借给刘备一些地盘是小事，联合刘备抗击曹操才是大事。

问：老百姓有句话叫“刘备借荆州，只借不还”？

答：说实话，刘备简直就是个无赖，特别不守信用。

问：你跟刘备翻脸就是因为荆州？

答：是的。刘备得了益州，我们向他讨要荆州，他不答应，说要等得了凉州后再还荆州。我不能容忍他的无理，只好兵戎相见了。后来，曹操攻打汉中，刘备又提出求和请求，我们双方都作了让步，以湘水为界，荆州的长沙、江夏、桂阳三个郡以东的地区归我，南郡、零陵郡、武陵郡以西的地区归刘备。

问：建安二十二年（公元 217 年），你为什么要投降曹操？

答：赤壁大战之后，我与曹操在合肥、濡须对峙多年，互有胜负。在此期间，刘备已经夺取了益州，实力越来越大，江东面临着曹操和刘备两只老虎的攻击，形势非常严峻。刘备是个无赖，要想跟他长期合作下去，那是不可能了。更要命的是，曹操的大军已经屯扎在居巢（今安徽巢湖市居巢区），并向濡须发动了多次进攻，我们的都城建业（今江苏南京）受到严重威胁。在这种情况下，我不得不向曹操请降，目的就是要缓解建业的威胁，以保证江东的安全。

问：也就是说，你投降曹操不是出于真心？

答：是的。人们常说打江山容易坐江山难，但我认为，打江山难，坐江山更难，两件事都不容易。为了保住江东，自己的名誉又算得了什么？

问：这次决策收到了什么效果？

答：以后连续两年，直到曹操死，他没有再攻打江东。曹操还上表朝廷，拜我为骠骑将军，领荆州牧，封我为南昌侯。当然，我对这些官衔根本不放在眼里。

问：曹丕和刘备相继称帝后，你为什么不称帝？

答：时机还不成熟。

问：为什么？

答：曹丕称帝后，为了笼络我，他封我为吴王，目的就是想通过封王控制江东。刘备称帝后，决意要为关羽报仇。他倾全国之兵攻打我们，我怎么能称帝？大战在即，我只好到武昌（今湖北鄂州市）亲自指挥作战。打败刘备后，曹丕为了遥控江东，命我送一个儿子到洛阳去做人质，被我拒绝。曹丕认为我不是真心臣服曹魏，紧接着就派大军进攻南郡和濡须等地。在这种情况下，我就更不能称帝了，我只是以江东多乱为由，建了自己的一个年号，就是“黄武”。所以，决策大事一定要看清孰轻孰重，看不清这一点，那就是胡闹，就是瞎干。

问：你正式称帝的时候已经是黄龙元年（公元 229 年）了，为什么选择在此时称帝？

答：以前，大家几次劝我称帝，我没有答应。因为过早称帝，曹丕和刘备就都成了我们的敌人，这对江东是大大不利的。黄龙元年（公元 229 年），刘备和曹丕先后去世，刘禅和曹叡虽然分别继位，但他们对江东的威胁已经很小了。这时，大家再次劝我称帝，我觉得时机成熟了，所以就在武昌称帝了。

东吴灭亡跟废立太子无关

问：有人说东吴的灭亡是因为你废了太子孙和，你承认吗？

答：不承认。东吴是在孙皓手里灭亡的，孙皓是孙和的儿子，假设我不废掉孙和，孙皓将来肯定是皇帝；我虽然废了孙和，但后来孙皓还是当了皇帝。所以，东吴灭亡跟废立太子无关。

问：你为什么要废掉太子孙和？

答：我一共有七个儿子，分别是孙登、孙虑、孙和、孙霸、孙奋、孙休、孙亮。孙登是我的长子，我称帝后将他立为太子，但我还没有死，他就于赤乌四年（公元 241 年）病逝了，死时才三十三岁。孙登是个理想的接班人，可惜他死得太早了。次子孙虑更是一个文武兼备的人才，但他比孙登死得还早，在嘉禾元年（公元 232 年）就病死了，死时才二十岁。长子孙登死后，我只能将三子孙和立为太子。

孙和的亲生母亲是琅邪人王夫人，王夫人跟我的女儿孙鲁班（全公主）有矛盾，孙鲁班便经常在我面前说王夫人的坏话。孙鲁班为什么恨王夫人呢？因为孙鲁班的亲生母亲是我的步夫人，她给我生了两个女儿，一个就是孙鲁班，另一个叫孙鲁育（朱公主）。步夫人长得非常迷人，是我最宠爱的女人。当然，除了宠爱步夫人之外，我还宠爱王夫人，也许是因为这个缘故，孙鲁班就恨上王夫人了。步夫人死后，我打算将王夫人立为皇后，但孙鲁班坚决不同意，结果事情没办成。

有一次，我得了点病，孙和到庙里祭祀祷告，希望我能早日康复。孙和的妻子张氏是张昭的孙女，诸葛恪的外甥女，她的叔父张休的家离神庙不远，张休就邀请孙和到家里坐坐。但这件事被孙鲁班知道了，孙鲁班就诬告孙和不在庙中祭祀，却跑到老婆家里搞阴谋诡计。孙鲁班还诬陷王夫人在我得病后面露喜色，希望我早日升天。我听了这些事后非常生气，便将孙和以及王夫人臭骂了一顿。结果，没几天，王夫人就被气死了，我也不怎么喜欢孙和了。孙和知道我不喜欢他了，所以非常害怕，整天担惊受怕，怕我将他废掉。

孙霸是孙和的同母弟弟，被封为鲁王。起初，孙和虽然是太子，孙霸虽然是鲁王，但我对待孙霸跟对待孙和一样，没有什么差别。大臣们认为，太子就是太子，鲁王就是鲁王，不应该同等对待，应该有所区别。结果，兄弟之间就产生矛盾了。孙霸早就有当太子的野心，他得知孙和失宠，于是加快了夺取太子之位的阴谋活动。当时，支持孙和的是丞相陆逊、大将军诸葛恪、太常顾谭（顾雍之孙）、骠骑将军朱据（孙鲁育的丈夫）、会稽太守滕胤（孙权的女婿）、大都督施绩（朱然之子，朱然本姓施）、尚书丁密等人，支持孙霸的是骠骑将军步骘（与步夫人同族）、镇南将军吕岱、大司马全琮（孙鲁班的丈夫）、左将军吕据（吕范之子）、中书令孙弘等。这样，朝里朝外的官僚大臣和将军都分成了两派，一派成为太子党，一派成为鲁王党。

自古以来，朝臣分裂是国家的大忌，出现这样的情况，我非常生气。我对侍中孙峻（孙权的族孙）说，孙和与孙霸兄弟不和，朝臣也分成了两派，早晚会重演袁绍的悲剧，让天下人笑话。从目前的情况来看，兄弟两个中让谁当皇太子，天下也不会太平。所以，不如将孙和废掉，孙霸靠边站，让孙亮继任太子。

问：就是这个原因，你就将孙和废了？

答：不错。现在回想起来，都是我的那个女儿孙鲁班惹的祸。要不是她从中挑拨，我也不会废掉孙和。当然，主要责任在我，我已经老糊涂了，分不清好坏了。孙鲁班知道我非常喜欢少子孙亮，所以就极力推荐让孙亮做太子。孙鲁班出于私心，还极力让孙亮娶了她老公全琮的侄子全尚的女儿全惠解为妃。

问：后来呢？

答：赤乌十三年（公元 250 年），陆逊、全琮、步骘、朱然等一批老臣虽然先后去世，但他们两派之间的斗争仍在继续。为了打破这种局面，我将孙和废掉，迁置故鄣（古县名，大致在今浙江安吉县、长兴县、湖州市、安徽广德县一带），将孙霸赐死，并将支持孙和的无难督（东吴设无难营，军事首领为无难督）陈正、五营督（跟无难督类似，都是东吴禁卫军的首领）陈相杀死，将骠骑将军朱据贬官，尚书仆射屈晃赶回了老家。同时，我将支持孙霸的杨竺、全寄、吴安、孙奇全部杀死，然后将少子孙亮立为了太子。

问：据说你后来后悔了？

答：过了一年，也就是太元元年（公元 251 年）十一月，我到南郊祭祀，突然得了风疾。我越来越觉得孙和并没有什么罪过，我怎么就把他废了？所以，我非常后悔，就打算让孙和回到我身边来。但是，孙鲁班和侍中孙峻以及中书令孙弘极力反对，我只好作罢。

问：孙和是怎么死的？

答：我的七个儿子已经死了三个，为了避免剩下的几个儿子跟少子孙亮争夺太子之位，我于太元二年（公元 252 年）正月封孙和为南阳王，让他到长沙居住；封第五子孙奋为齐王，到武昌居住；封第六子孙休为琅邪王，到虎林（故址在今安徽池州市一带）居住。我死之后，诸葛恪杀了中书令孙弘，把持了朝政。前面已经说过，孙和的妻子张氏是诸葛恪的外甥女，诸葛恪掌握了大权，就打算移都武昌，重新立孙和为帝。但事情还来不及做，诸葛恪就被孙峻和孙亮于建兴二年（公元253年）谋杀了。孙和因此受了牵连，被赐死，他的妻子张氏也自杀了。

问：孙和的悲剧是你一手造成的？

答：归根结底，责任在我。我反复在思考一个问题，为什么打天下的时候没有这么多烦心事？而一旦坐了天下，烦心事就接连不断呢？有时候，朝臣之间的争斗并不可怕，可怕的是家族之间的争斗，特别是兄弟之间的互相残害。说白了，都是为一个“权”字。在利益面前，人的劣根性暴露无遗，什么残忍的事情也干得出来，这真是我们人类的悲哀啊！所以我说，打天下难，坐天下更难。

孙和当不当皇帝并不重要，重要的是他的儿子孙皓后来竟然鬼使神差地当了皇帝。东吴江山毁在孙皓手里，跟我废掉孙和又有什么关系呢？只要孙皓当了皇帝，东吴灭亡是迟早的事。

第二十一章

孙亮：权臣是一把双刃剑

诸葛恪不得人心

问：你即位的时候几岁？

答：我是孙权最小的儿子，生于赤乌六年（公元 243 年），我即位的那年是神凤元年（公元 252 年），当时我才十岁。

问：也就是说，你当皇帝的时候还是一个少年。

答：是的。我爸爸临终前让诸葛恪和滕胤、孙峻等人共同辅政。

问：诸葛恪是个怎样的人？

答：诸葛恪十分聪明，是个有能力的人，从小就得到我爸爸孙权的赏识。但是，诸葛恪性格粗疏，只喜欢打仗，有了点成绩就骄傲自大，不懂得关心别人，而且是个吝啬鬼。总的来说，诸葛恪没有什么城府，但很能打仗。

问：诸葛恪的爸爸诸葛瑾是个十分谨慎的人，诸葛恪为什么没有遗传他爸爸的性格？

答：不知道。的确，诸葛瑾一生谨慎，所以得以善终。他有两个儿子，长子就是诸葛恪，次子叫诸葛融。诸葛融从小就很骄傲，是个华而不实的人。诸葛瑾很早就不看好他的这两个儿子，经常为他们的命运而担忧。陆逊曾经对诸葛恪说，对待上级应该尊重，对待下级应该关爱，如今你既不尊重上级，又看不起下级，这很危险啊。大司马吕岱也劝诫诸葛恪说，天下的事情非常复杂，遇到事情一定要十思而后行。诸葛恪不以为然地说，孔子当年说三思而后行，你让我十思而后行，这明明是说我不行嘛。你看，别人好心劝他，他简直不识好歹。

问：诸葛恪为什么要杀死中书令孙弘？

答：孙弘与诸葛恪平时就有矛盾。我爸爸孙权驾崩后，孙弘害怕诸葛瑾掌握了大权对他不利，所以就想秘不发丧，并假借我爸爸的诏命将诸葛恪除掉。没想到，孙峻将这件大事告诉了诸葛恪，诸葛恪非常恼怒，于是请孙弘问事。孙弘毫无防备，被诸葛恪杀了。

问：诸葛恪一开始还是很得人心的？

答：是的。杀了孙弘后，诸葛恪手握大权，实行了一些改革。他取消了我爸爸孙权实行的监视朝臣的制度，罢免了那些密探，免除了百姓拖欠的赋税，并取消了关税。所以，老百姓非常高兴，对诸葛恪充满了感激。诸葛恪每次出入，老百姓都伸长脖子，想一睹他的容貌。

另外，在我即位的当年冬天，及建兴元年（公元 252 年）冬天，诸葛恪还指挥吴军在东兴（今安徽含山县西南）大败魏军，再一次立了大功。

问：那他是如何失掉民心的？

答：东兴大捷之后，诸葛恪十分得意，内心产生了轻敌思想。第二年春天，即建兴二年（公元 253 年）春天，他打算联合蜀汉的姜维同时伐魏，对魏国形成东、西两面夹击之势，姜维也答应了。但大家认为连年征战，百姓疾苦，应该缓一缓，诸葛恪不听。中散大夫蒋延等人多说了几句，诸葛恪就命人将蒋延赶了出去。

丹阳太守聂友与诸葛恪关系很好，听说诸葛恪刚愎自用，不听大家的正确意见，就给诸葛恪写信，劝他要虚心接受大家的意见，但诸葛恪还是不听。滕胤亲自劝谏，诸葛恪仍然不听。这年三月，诸葛恪统率二十万大军伐魏，百姓骚动，对诸葛恪开始产生不满。从此，诸葛恪就渐失民心了。

问：后来呢？

答：诸葛恪想拿下魏国的淮南，以显示自己的军威，诸将认为孤军深入不会成功，建议他包围合肥新城（遗址在今安徽合肥市庐阳区）。新城被围，魏军一定来救，到时候来个围城打援，肯定会大获全胜。这一次，诸葛恪采纳了众将的意见，回军包围了新城。结果，就在新城将被攻下的时候，诸葛恪办了一件令人难以理解的蠢事。

问：什么蠢事？

答：负责守卫新城的是魏国的扬州牙门将张特。诸葛恪围攻了三月有余，城中的三千魏军已死伤过半，眼看就支撑不住了。张特派人对诸葛恪说，新城肯定守不住了，但按照魏国的法律，如果一座城池被围超过一百天而救兵不到，守城者投降，家属就不会受到牵连。现在，新城已被围九十余天，虽然死伤已经过半，但仍有一半的人不愿意投降。我要说服他们，明天一早将所有人员的名单送给你们，一并归降。张特怕诸葛恪不相信，还将他的印绶扔到城外。没想到，诸葛恪竟然相信了张特的鬼话，停止了攻城。张特连夜让士兵修补了城池的缺口，并设置了两道障碍线，加强了新城的防卫。第二天天明，诸葛恪等着张特来投降，张特却站在城墙上说，我宁死也不会投降的，你们来攻城吧！诸葛恪大怒，指挥部队攻城，但没有攻下。你说，诸葛恪蠢不蠢？

问：诸葛恪不是很聪明吗，怎么会这样？

答：更糟糕的事情还在后头呢。到了六七月间，天气炎热，很多士兵得了病，死了很多人，到处是死尸。诸葛恪打不下新城，无计可施，气得暴跳如雷。将军朱异提了点意见，诸葛恪就夺了他的兵权，将他赶回了建业。都尉蔡林多次给诸葛恪出谋划策，诸葛恪根本不听。蔡林一气之下，投奔了魏国。将士们怨声载道，无心再战。没办法，诸葛恪这才下令退军。

八月，诸葛恪回到建业。他为了显示自己的威严，动不动就处罚朝臣，随意罢免干部，吓得大家连大气都不敢出。他还把京城的宿卫都换成自己的亲信，并且准备向青州和徐州用兵。

问：孙峻为什么要谋杀诸葛恪？

答：孙峻见诸葛恪引起众怒，就趁机向我进言，说诸葛恪拥兵自重，企图阴谋发动政变，拥立我哥哥孙和为帝，请求将诸葛恪除掉。我虽然年纪小，但也知道皇位的重要性，所以就同意了。这年冬天十月，诸葛恪就被孙峻谋杀了。

问：你觉得诸葛恪死得屈不屈？

答：一个不得人心的人，死是迟早的事。

孙峻是个阴险的家伙

问：孙峻谋杀了诸葛恪，难道只是为了你吗？

答：根本不是，而是为了他自己。他见诸葛恪掌握大权，心里怎么能服气？谋杀了诸葛恪，他就可以独揽朝政了。

问：孙峻这个人怎么样？

答：孙峻没什么真本事，但凭借他的宗室身份，尾巴翘得很高，喜欢杀人，善于搞阴谋诡计，是个非常阴险的家伙。当初，我爸爸病重的时候，朝中大臣都不同意让诸葛恪辅政，我爸爸也觉得诸葛恪刚愎自用，难以成就大事，所以也不打算用他。但孙峻却极力推荐了诸葛恪，说朝里朝外无人能比得上诸葛恪。这样，我爸爸才将他从武昌召回，托以后事。但诸葛恪掌握大权之后，孙峻心里又不舒服了，开始嫉恨诸葛恪。诸葛恪一死，他就独揽了朝政。

另外，孙峻的人品实在太差，他竟然与孙鲁班私通。按辈分，孙鲁班是他的老姑，他干出这样的事，真是伤风败俗。

问：桓虑为什么要谋杀孙峻？

答：孙峻谋杀诸葛恪后，又杀了诸葛恪的两个儿子，还有诸葛恪的弟弟诸葛融一家。更让天下人不满的是，他竟然矫诏将我哥哥孙和赐死。孙和无罪被杀，大家非常愤怒，都想杀掉孙峻，为孙和报仇。五凤元年（公元254年），司马桓虑准备谋杀孙峻，让我哥哥孙登的次子孙英代替孙峻。但是，事情败露，桓虑和孙英等人都被孙峻杀死。

问：五凤二年（公元255年），又发生了一次谋杀孙峻的事件，为什么没有成功？

答：主要是孙仪、张怡、林恂三个将军干的。孙仪是孙峻的同宗叔父，担任无难督。他看不惯孙峻的所作所为，就联合张怡、林恂要谋杀孙峻。但是，他们谋划不周，事情泄露，三个人都被孙峻所杀，受牵连的数十人也被孙峻杀死。孙鲁班还诬陷自己的妹妹孙鲁育与孙仪是同谋，孙峻毫不犹豫地将孙鲁育也杀了。

问：孙鲁班为什么要诬陷自己的妹妹？

答：孙鲁班为人凶险，但她的妹妹孙鲁育却与她截然不同。孙鲁育跟她的母亲步夫人一样，是个非常正统的女人。在废立太子的问题上，孙鲁育跟她老公朱据是坚决支持孙和的，这种态度跟孙鲁班以及孙峻、孙弘的意见正好相反。这样，孙鲁育和朱据就把孙鲁班、孙峻、孙弘一帮人得罪了。后来，朱据被孙弘诬陷致死，孙鲁班和孙鲁育也成了仇家，孙鲁班总想找机会报复自己的妹妹。遇上孙仪他们谋杀孙峻的事件，孙鲁班就无情地下手了。

问：孙峻是得什么病死的？

答：五凤三年（公元 256 年），孙峻率部伐魏，夜里梦见诸葛恪要杀他，所以吓得突发重病死了，死时才三十八岁。按今天的话说，孙峻很可能得的是心脏病之类的疾病。

问：孙峻死了之后，朝廷又出现一个权臣，他就是孙綝？

答：是的。

孙綝一无是处

问：孙綝与孙峻相比，人怎么样？

答：孙綝是孙峻的堂弟，因为出身高贵，所以非常骄横。但是，这小子既不会打仗，也不会辅政，只会杀人，是比孙峻更加凶残的家伙。由他来辅政，大家都不服。

问：谁不服？

答：宗室权臣一个一个地出现，自然引起一些豪族势力的不满。骠骑将军吕据在前往伐魏的路上听说孙綝代替孙峻掌握了朝政，心中大怒，于是与诸将联名上书，推举滕胤为丞相，以分割孙綝的权力。同时，吕据率部从前线返回，并派人到建业与滕胤联系，打算废掉孙綝。孙綝当然不干，让滕胤担任了大司马，代替刚刚去世的老臣吕岱出镇武昌。同时，孙綝又派重兵前往江都拦截吕据，一定要置吕据于死地。

问：滕胤去了武昌吗？

答：没有。滕胤以为吕据的兵马很快就到建业了，所以他决定留在建业，等吕据回来，共谋大事。孙綝见滕胤不听命令，于是诬告滕胤要谋反，立即派兵抓捕滕胤。有人劝滕胤应该赶快离开建业，到武昌就职，以后再慢慢谋划，但滕胤不听，仍然把希望寄托在吕据身上。然而，滕胤等来的不是吕据的兵马，而是孙綝派来的部队。这样，滕胤以及支持他的将士数十人都被杀死，滕胤还被夷灭三族。

问：吕据呢？

答：吕据在江都被阻，回不了建业。很快，滕胤被杀的消息传来，原先的谋划化为泡影，部下劝他投奔魏国，吕据坚决不干。他知道自己难以活命，就自杀了。所以，第一次谋杀孙綝的计划彻底失败。

问：第二次谋杀计划是谁干的？

答：孙宪。孙宪是孙綝的堂兄，孙峻的堂弟。当年，孙宪参与了孙峻谋杀诸葛恪的行动，孙峻对他非常好，官至右将军、无难督。孙綝执掌大权之后，对孙宪不像孙峻那么好，孙宪非常恼怒，于是与将军王惇要谋杀孙綝。结果，事情还是泄露了，王惇被杀，孙宪服毒自尽，行动失败。

问：你是什么时候开始亲政的？

答：太平二年（公元 257 年）四月，当时我十五岁。

问：你有实权吗？

答：没有。孙綝一手遮天，独断专行，所有政事都由他决断，只是让我签字盖印而已。

问：你跟他的矛盾是如何激化的？

答：我不甘心皇权旁落，就开始进行反击。孙綝奏事，我一律不准。另外，我还建立了一支由十五岁至十八岁的青年组成的敢死队，每天进行操练，以防不测。这样，我们的矛盾就公开了。

魏国征东大将军诸葛瞻要献出寿春投降，司马昭派大军包围了寿春，诸葛诞派人请求我们救援。孙綝亲统大军前往寿春解围，结果被魏军打败。大都督朱异（朱桓之子）连吃败仗，孙綝十分生气，命令朱异死战。朱异因为军粮短缺，不服从孙綝的命令，孙綝竟然将朱异杀了。孙綝既没有解了寿春之围，还杀了名将朱异，引起东吴人的怨恨。回到建业之后，孙綝就装病不出门了。

问：他在家干什么？

答：孙綝在家并没有闲着。他擅自在朱雀桥南建了自己的私宅，让其弟弟孙据到仓龙门（太初宫的东门）宿卫，孙恩、孙幹、孙闿分别掌握禁军，试图自保。为此，我非常痛恨孙綝，为了弄清我姐姐孙鲁育的死因，我就责问孙鲁班。孙鲁班非常害怕，说那件事跟她无关，是朱据的两个儿子朱熊和朱损向孙峻诬陷的。朱损的老婆是孙峻的妹妹，于是我将朱熊和朱损一律斩首。孙綝向我求情，被我拒绝。从此，孙綝对我更加害怕了。

问：你打算除掉孙𬘭？

答：是的。我秘密与孙鲁班、将军刘丞谋划，伺机除掉孙𬘭。我的皇后全氏的父亲全尚担任太常、卫将军，手里掌握着军队，我就想依靠老丈人的力量，共同配合，包围孙𬘭的私宅，将其除掉。我把这一秘密计划告诉了全尚的儿子全纪，让他转告他的父亲全尚，并再三嘱咐他，千万不能让他的母亲知道，因为他的母亲是孙𬘭的姐姐。全纪根据我的安排，将行动计划告诉了他父亲全尚。但是，全尚是个大混蛋，竟然将此事跟他老婆说了。他老婆赶紧派人向孙𬘭告了密。

问：后来呢？

答：孙𬘭得到密报，连夜率兵将全尚抓获。同时，他派其弟弟孙恩在苍龙门外将刘丞杀死。天亮后，孙𬘭兄弟率兵包围了太初宫。我想出去跟孙𬘭拼命，被身边的人死死拦住了。孙𬘭召集群臣开会，将我废为会稽王。孙𬘭威逼大家上书，群臣不敢反对，纷纷签字，只有尚书桓彝不同意，孙𬘭怒而杀之。全纪觉得很对不起我，遂自杀而死。接着，孙𬘭派人到会稽迎接我哥哥孙休，将他立为皇帝。

问：对你是如何安排的？

答：我被废为会稽王后，肯定不能待在建业了，孙𬘭派人将我送到了会稽。我的老丈人全尚在迁往零陵的途中被杀了。孙鲁班被迁往豫章（今江西南昌）居住。

问：你是怎么死的？

答：永安三年（公元 260 年），也就是我哥哥孙休即位的第三年，孙𬘭已经被除掉了，但会稽郡突然出现了一股谣言，说我要重新回到建业当皇帝。我不知道这个谣言是怎么传出来的，是背后有人指使，还是老百姓的一种愿望？我不清楚。更要命的是，我身边的人竟然向朝廷告密，说我请巫人祷告，口出恶言，辱骂皇帝。这真是冤枉啊！我没有重新当皇帝的想法，也没有请什么巫人祷告，难道是孙休不想让我留在世上了？

问：孙休是怎么对待这件事的？

答：孙休将我贬为候官（今福建省闽侯县）侯，让我从会稽迁往候官。我心里十分清楚，孙休一定要置我于死地了，与其被他们害死，还不如自行了断。在万般无奈之下，我只好选择自杀这条道路。我死的时候，年仅十八岁。

问：你对这段历史有何感想？

答：我当皇帝的时候才十岁，一个十岁的娃娃能干什么？历史上的少年皇帝很多，能不能保持政局的稳定，关键看皇帝身边有没有德才兼备的贤臣。诸葛恪、孙峻、孙綝都属于权臣，但权臣不等于贤臣。权臣是一把双刃剑，好的权臣可以使国家长治久安，不好的权臣则恰恰相反。诸葛恪、孙峻、孙綝都不是贤臣，是他们把国家搞乱了。

历史的悲剧是经常重演的。东汉末年的汉献帝，魏国的曹芳、曹髦、曹奂，包括我以及我哥哥孙休、我的儿子孙皓等，都是君弱臣强，最后导致亡国。

第二十二章

孙皓：心理变态导致吴国灭亡

心理变态是环境造成的

问：你爸爸孙和被杀，你怎么能活下来？

答：我的生母不是我爸爸的正妻张氏，而是偏妻何氏。爸爸被杀后，他的正妻张氏也自杀了。我母亲何氏跟孙峻没什么矛盾，况且我又不是张氏所生，母亲向孙峻求情，我们母子得以幸免。

问：你想到自己会当皇帝吗？

答：绝对没有。如果我爸爸孙和能保住太子之位，将来我肯定能当皇帝。但是，我爸爸不仅没有保住太子之位，反而连性命也丢了，我也就彻底没戏了。别说当皇帝，能留一条性命就很不错了。

问：朝廷怎么选你当了皇帝？

答：我叔父孙休是个不错的皇帝，可惜他英年早逝，三十岁就死了。所以说，人最宝贵的东西不是权势和财富，而是健康。没有健康，一切都是零。人啊，总是想不开，为了权势和财富，拼命折腾，最后毁了健康，丢了性命，值得吗？

问：我是问你怎么当上皇帝的，你是不是跑题了？

答：嘿嘿，确实跑题了，咱还是回答你的问题吧。我叔父孙休死后，皇位空缺，让谁来继位成为朝廷的头等大事。按理说，我叔父孙休已经立了他的儿子为太子，太子理应继承皇位。但是，当时主政的丞相濮阳兴（濮阳是复姓）和左将军张布却采纳了左典军万彧的建议，鬼使神差地让我做了皇帝。真是天下掉下个大馅饼啊！

问：万彧为什么要推荐你？

答：我叔父孙休当了皇帝，封我为乌程侯，将我轰到了乌程。当时，乌程的县令就是万彧。我在落难的时候，万彧却待我很好，这是十分难得的。万彧出于私心，就多次在濮阳兴和张布面前表扬我，说我有本事、很英明、善学习、遵法度，是当皇帝的好材料。这样，濮阳兴和张布就动心了。

问：孙休对张布和濮阳兴不薄，他们为什么这么做？

答：是啊，张布和濮阳兴应该立孙休的太子为皇帝，但是，当时蜀国刚刚被魏国灭掉，三国鼎立的格局被打破，而吴国南方又发生了叛乱，国内很不安定，举国上下人心惶惶。濮阳兴和张布等大臣为了吴国的长治久安，就打算立一个成年人当皇帝，以稳定大局。因为皇太子的年龄太小，而我当时已经成年了，所以濮阳兴和张布就采纳了万彧的建议，同意立我为皇帝。

问：孙休的皇后同意吗？

答：孙休的皇后叫朱氏，是孙鲁育与朱据的女儿。实际上，朱氏是我叔父孙休的外甥女，舅舅娶了外甥女，而且将其立为皇后，这叫什么事？濮阳兴和张布不敢自作主张，就去请示朱皇后。没想到，朱皇后竟然说，她是一个寡妇，不懂国家大事，谁当皇帝无所谓，只要对吴国有利就行了。你看看，这个女人的姿态有多高？轻而易举地就将皇位让给了我。

问：你即位的时候多少岁？

答：二十三岁。我出生于242年，即位这一年是264年，虚岁二十三。

问：你是一个荒淫残暴的皇帝，你的性格为什么会是这样？

答：一个人的性格除了跟父母的遗传有关外，主要还跟生活环境有关。我爸爸孙和被废的那一年（公元250年），我才九岁，他被杀的那一年（公元253年），我才十二岁。爸爸被杀，对我的打击太大了。在以后的几年里，我跟母亲相依为命，整天提心吊胆，如履薄冰，生怕说错一句话、做错一件事而招来杀身之祸。当时，宫廷斗争愈演愈烈，先是孙峻谋杀了诸葛恪，孙峻死后又出现了权臣孙𬘭。叔父王亮虽然是皇帝，但手里没有实权，与孙𬘭也闹翻了，结果孙亮被废，孙休当了皇帝。孙休即位后，封我为乌程侯，把我轰到了乌程。我到乌程是在永安元年(公元258年),这一年我十七岁。在乌程的将近六年里，我的日子同样不好过，总担心哪一天被孙休杀掉。因此，压抑和苦闷成为我生活的主色，但这些压抑和苦闷又无处发泄，只能窝藏在心底。在我眼里，似乎所有的人都值得怀疑，似乎所有的人都不是好人。正是这种残酷的环境，造成我残忍、多忌的性格。实际上，我的性格已经被扭曲了，心理已经完全变态了。所以，我当皇帝之后，多年压抑下来的苦闷一下子爆发出来，使我成为一个荒淫残暴的皇帝。

问：朱皇后对你不错，你为什么将她逼死？

答：孙休死后，群臣尊朱皇后为朱太后。但是，我既然当了皇帝，皇太后就应该是我母亲何氏，朱太后不应该是皇太后了。我即位一个多月，就将朱太后贬为景皇后，将皇太子贬为豫章王，尊我的母亲何氏为皇太后。过了一年，即甘露元年（公元 265 年）七月，我就将景皇后逼死了。我要向天下人明示，我母亲才是真正的皇太后。实际上，我不应该逼死景皇后，要不是她同意，我也不会当上皇帝。我的这种做法，正是心理变态产生的恶果。所以，心理变态是十分可怕的，什么事情也干得出来。

问：濮阳兴和张布有拥立之功，你为什么要杀掉二人？

答：我即位之后，要了一个政治秀。为了博得好名声，我下令抚恤士民，开仓救济穷苦百姓，将宫女嫁给那些没有老婆的人，将宫苑里的那些飞禽走兽一律放走。一连串的举动，果然赢得了一片喝彩声，举国上下都认为我是一个明君。实际上，大家都被我忽悠了，一转脸，我的本性就暴露出来了。

问：什么本性？

答：骄横残暴、猜忌多疑、喜欢酒色、以杀人为快乐。这样一来，大家又很快对我失望了。濮阳兴和张布十分后悔，说不该让我当了皇帝。有人将这件事告诉我，我非常生气，于是将二人贬往广州，命人在半路上将二人杀死，并夷灭三族。杀了二人，我心里非常痛快，这也是我心理变态的反映。

问：你逼死了景皇后，为什么还要将她的两个儿子杀掉？

答：这就属于报复行为了。当年孙休不是将我轰到乌程吗，我要以其人之道还治其人之身，将他的四个儿子轰到吴地小城，并把他两个稍大的儿子杀掉，以免他们对我构成威胁。

问：王蕃是当时著名的数学家和天文学家，你为什么要杀掉他？

答：王蕃自恃有才，根本不把我放在眼里，经常对我说三道四，不按我的旨意行事，我早就恨上他了。万彧和陈声都是我的心腹，二人也看不惯王蕃的行为，就不断在我跟前说王蕃的坏话，所以我就有了杀掉王蕃的念头。

甘露元年（公元 265 年），司马昭病死，他的儿子司马炎逼迫魏国皇帝曹奂禅位，司马炎建立晋国。年底，我迁都武昌，并派人到晋国给司马昭吊祭。甘露二年（公元 266 年）三月，到晋国给司马昭吊祭的使者回来后，我举行盛大宴会，宴请群臣。在宴会上，王蕃“假装”喝得东倒西歪躺在地上，我命人将他抬了出去。工夫不大，我命人将王蕃再次请到宴席上，却见他行走自若，根本不像喝醉酒的样子。我心中大怒，以欺君之罪将王蕃斩于殿下。我余怒未消，命人割下王蕃的脑袋。那一刻，我心里快活极了，我感到皇威浩荡，神圣不可侵犯，谁要是不听我的话，就是王蕃的下场！

问：你是不是太残忍了？

答：不是太残忍，而是丧心病狂。

悬崖上的狂舞

问：蜀国和魏国先后灭亡了，你没有意识到亡国的危险吗？

答：吴国有长江天险，怕什么？我不但不怕晋国，而且还跟晋国绝交，看他司马炎能把我怎么样？

问：你为什么要迁都到武昌？

答：风水先生说王气在荆州而不在建业，西陵督步阐（步骘之子）也劝我迁都到武昌，我就答应了。

问：将都城迁到武昌，朝廷所需供给要逆长江而上，十分费力，陆凯上疏反对，你为什么不听？

答：当时有一首童谣说：宁饮建业水，不食武昌鱼；宁还建业死，不止武昌居。实际上，不仅仅是陆凯反对，举国上下一致反对。他们宁可死在建业，也不到武昌居住，这就是民意。也就是说，迁都武昌是不得人心的，后来我就又迁回建业了。

问：按照陆凯的说法，当时吴国的国力已经十分贫弱，还没有一年的钱粮储备，老百姓怨声载道，而你却奢侈无度，大肆挥霍，大兴土木，你难道不了解当时的情况吗？

答：反正我不差钱，至于百姓的穷富，跟我有何关系？

问：你是一国之君，怎么能跟你没有关系？

答：实话跟你说吧，我心里根本没有百姓；如果我心中装着百姓，我就不会瞎折腾了。

问：你刚当皇帝的时候，曾经将宫女嫁给一些光棍汉，但后来为什么要在全国广采美女？

答：我喜欢女人。我下令，凡是俸禄在两千石以上的大臣，他们的女儿一到十五六岁，首先得让我挑选，选中的进宫，选不中的才能出嫁。

问：吴国有现成的太初宫，你怎么还要花费巨资新建昭明宫？

答：太初宫是我爷爷孙权修建的，方圆才三百丈，太小了，我选来的几千美女根本住不下，所以要重建一座昭明宫。

问：昭明宫有多大？

答：方圆五百丈，比太初宫气派多了，哈哈！

问：左丞相陆凯和中书丞华核都反对你大兴土木，劝你要抚恤百姓，发展生产，增强国力，你怎么不听？

答：由于心理严重变态，我只听神汉的话，大臣的任何意见都听不进去。

问：据说你在墓室里住了长达半年，这是怎么回事？

答：我的皇后是滕氏，但我不怎么喜欢她，于是将她打入冷宫，让她成为一个“寡妇”。我真正喜欢的女人是张布的女儿张氏，因为她长得实在太美了，我将她封为美人，整天跟她泡在一起。有一天，我问她说，你爸爸现在在哪里？张美人撒娇说，她爸爸被贼人杀死了。这本来是一句玩笑话，但我的火气立刻就上来了，小贱人竟敢骂我是贼人，这还了得？愤怒之下，我操起大棒，活活地将她打死了。但是，张美人刚死，我就后悔了，想起张美人的美貌，其他姬妾根本无法与她相比。为了寄托对张美人的哀思，我命能工巧匠做了一尊张美人的木雕，放在我的皇帝宝座旁边，让她与我朝夕相伴。

有一天，我问左右说，张布还有没有其他女儿？他们告诉我，张布还有一个大女儿，长相跟张美人一模一样，不过人家早就嫁人了。我立刻下令，将张布的大女儿夺进宫来。我一看，张美人的这个姐姐果然跟张美人差不多，长得实在迷人。我心中大喜，当即拜她为左夫人。从此，我整天跟这个左夫人寻欢作乐，不理朝政。为了让左夫人高兴，我不惜花费巨资，制作了大量器具、首饰、假发等值钱的东西，让宫女们戴在头上进行摔跤比赛，谁胜了谁就可以得到这些首饰。那些宫女为了得到这些东西，拼命摔跤，争抢首饰，好不热闹。结果，早上刚做好的首饰，很快就被宫女们争抢坏了。坏了怎么办？重新做呗，反正咱不差钱。时间不长，国库里的钱物就被我折腾空了。

可惜的是，左夫人红颜薄命，入宫没多久就病死了。我悲痛欲绝，哭得死去活来，我爸爸孙和死后，我也没有这样哭过。为了纪念左夫人，我命人在宫苑为她修建了一座壮观的陵墓，陪葬了无数珍奇异宝，并用柏木制作了很多木头人，埋在陵墓中，充当左夫人的“兵卫”。我觉得这样还不足以表达我对左夫人的“爱心”，干脆就搬进了墓室居住，而且一住就是半年。老百姓听说皇宫举办这样隆重奢侈的丧事，都以为我死了，你说气人不气人？

大臣们半年见不到我，谣言就传开了。我舅舅的儿子何都长相跟我差不多，大家都谣传何都将代替我做皇帝。临海太守奚熙听信了谣言，要带兵进京诛杀何都，反被何都的叔父何植所杀，并夷灭三族。你看看，我所做的荒唐事造成了一场血案，死了不少人。

问：据说你还有一个怪癖，就是除了陆凯，你不愿意让所有大臣看你，这是为什么？

答：不知道为什么，我讨厌大家看我，于是我定了一条规矩，大臣见我的时候不准抬头，只许低头，说完事赶紧滚蛋，我只允许陆凯看我。原因不用多说了，心理变态。

问：建衡元年（公元 269 年）十一月，陆凯病逝前，劝你不要重用奸臣何定，你怎么不听？

答：陆凯总是挑我的毛病，要不是他的家族势力太大，我早就让他见阎王爷了。他说东，我偏要西，他不让我重用何定，我偏要重用何定。心理变态啊！

问：你觉得何定是好人吗？

答：何定是我爷爷孙权的旧侍，没有功劳也有苦劳，我十分相信他。

问：何定不仅擅自杀害大将，而且让每个将领出高价购买一只狼犬，让这些狼犬捕兔供你们皇室食用，这是忠臣干的事吗？

答：当时我认为，何定对我太忠诚了，用狼犬捕兔，可谓用心良苦。镇军大将军陆抗（陆逊次子）上疏，劝我不要重用何定，我没有听。

问：是你逼得从弟孙秀投降了晋国？

答：孙秀担任夏口都督，掌握一定兵力，我对他不大放心，总想找机会将他除掉。建衡二年（公元 270 年）九月，我派何定率五千人到夏口狩猎，孙秀以为我要对他采取行动，于是携带家眷和数百名亲兵投奔了晋国。

问：建衡三年（271 年）正月，你为什么要到洛阳去？

答：刁玄这小子散布谣言说，黄旗紫盖（意为皇帝出世）出现于东南，将来统一天下的一定是荆州、扬州一带的君王。寿春也流传童谣说，吴国的天子应该是全天下的皇帝。我听了非常高兴，为了顺应天命，就率领我母亲何氏、皇后滕氏（滕胤族女）以及后宫数千人，浩浩荡荡向洛阳开去。路上突降大雪，道路封堵，很多人都被活活冻死了。随行的军士议论说，一旦遇到晋军，咱们就倒戈。我听了大吃一惊，恍然大悟，这才下令返回。

问：当时晋国十分强大，你去洛阳简直就是送死，你怎么会相信刁玄的鬼话？你是不是太荒唐了？

答：荒唐得简直不能再荒唐了。司马炎难道会拱手将皇位让给我吗？我真不知道当时是怎么想的，简直混蛋透顶！

问：万彧对你有恩，你为什么要毒死恩人？

答：万彧确实对我有恩，我对他也不错啊，让他担任了右丞相。但是，他跟陆凯差不多，爱管我的“闲事”，这也不行，那也不行，弄得我很烦心。我到外面游玩，他竟然与大司马丁奉、左将军留平密谋，要废掉我。当时我没有处置他们，后来举办宴会，我命人在酒中放毒，想毒死万彧和留平，但传酒人没有按量投毒，留平又喝了解毒药，二人没有被毒死。不过，二人知道我不会放过他们，万彧就自杀了。过了一个来月，留平也忧愤而死。

问：据说“以茶代酒”是你发明的？你真行啊！

答：嘿嘿，多谢夸奖。我们家族的人都喜欢喝酒，我爷爷孙权经常跟大家喝酒，我也不例外。我每次宴请群臣，下了一道命令，不管酒量大小，一律以七升为限，喝不了也得喝。侍中韦昭是当时的文学家、史学家和经学家，我对他十分尊敬。韦昭酒量不大，喝不了七升，我就秘密让他以茶水代替。没想到，“以茶代酒”竟然成为一种文化，一直流传至今。

问：那你为什么要杀掉韦昭？

答：韦昭长期负责左国史的工作，在编纂《吴书》时，我想为爸爸孙和作纪。韦昭说，我爸爸没有做过皇帝，按规格只能作传，不能作纪。当时我就不高兴了，逐渐显露出对他的责怒。韦昭非常害怕，以自己年老体衰为由，想辞去侍中和左国史的工作，被我拒绝。遇到他有病，我就派医生去监护，催促他尽快上班。过去，我让他以茶代酒，但后来就不允许了，强迫他跟其他人一样，非喝不可。我在宴会上强迫群臣喝酒，还让侍臣嘲弄公卿，揭发他们的隐私和短处，以此为乐。谁要是稍有过失，轻则下狱，重则杀头。韦昭认为长此下去，定会造成群臣互相攻击，内怨积深，不利于大家的团结，是一件很不好的事。我认为他不听我的命令，处处跟我作对，又联想到他不同意为我爸爸作纪的事，就把他打入大牢。他想用他的著作换一条性命，我不答应，还是将他杀了，并把他全家迁往零陵。

问：司市中郎将（主管市场的官员）陈声是你的信臣，他依法办事，你却把他杀了，为什么？

答：我的一些姬妾经常派人到市场上抢夺百姓的财物，陈声依法将他们处理。姬妾们不干了，纷纷跑来告状。我十分生气，好你个陈声，欺负到我的女人头上了，这还了得？于是，我找了个理由，命人将他残忍地杀害了。

问：这是人干的事吗？

答：确实不是人干的事。

问：孙奋是你的叔父，你杀害他们父子六人，你是不是太缺德了？

答：孙奋被封为齐王，居住在武昌。我爷爷孙权死后，诸葛恪不愿意诸王在长江沿岸居住，就将他迁到豫章。他在武昌的时候，不听朝廷的命令，不遵守国家法律制度，干了许多违法乱纪的事情。他的手下犯了罪，他也不向朝廷报告，而是私自处理，擅自杀人。移居豫章后，他更是不务正业，整天带着一帮人到处游猎，令手下人苦不堪言。当然，这些事都是孙亮和孙休在位时的旧事了。我即位后有一条原则，不管你怎么折腾，反正不要威胁到我的皇位。谁要是威胁到我的皇位，我绝不会答应。

凤凰三年（公元 274 年），会稽传出一股谣言，说孙奋应该做皇帝。意思就是说，我不适合做皇帝了，应该让孙奋取代我。我当然不干了，就把孙奋以及他的五个儿子全部杀掉了。

问：陆抗临终前上疏，建议你加强长江中上游一带的防务，以警惕晋国的进攻，你听了吗？

答：没有。我只顾杀人取乐。

问：杀人不过头点地，但你有时候却剥人皮、剜人眼，无辜杀害了许多大臣，你不知道你是在悬崖上跳舞吗？

答：什么意思？我听不明白。

问：晋国早已虎视眈眈，你还不明白吗？

答：这个嘛……

最后的“尊严”

问：晋国为什么迟迟没有攻打你们？

答：司马炎早就有灭吴的打算，但一直下不了决心。主要有两个原因，一个是政治上的原因，一个是军事上的原因。从政治上来讲，司马炎刚刚篡位，很多大臣都是魏国的旧臣，对于南下灭吴，朝中分成了两派意见，有人赞成，有人反对。为了稳定政局，司马炎采取了缓冲的办法，没有立即派兵伐吴。从军事上来说，晋军缺少战船，水军力量也严重不足，仓促伐吴，没有必胜的把握。所以，晋国迟迟没有攻打我们。

问：实际上，晋国正在加紧打造战船，训练水军，难道你一点觉察都没有吗？

答：怎么没有！晋军在长江上游造船，做工丢弃的断木碎片顺流而下，铺满了江面。长江下游的吴军看到之后，向我报告，请求在吴国与晋国接壤的建平（故治在今重庆市巫山）增兵，以防御晋国的进攻。可惜我没有理睬。

问：晋国是什么时候大举伐吴的？

答：天纪三年（公元279年）十一月，司马炎觉得灭吴的时机已经成熟，便发大军二十万，沿长江分多路向我们扑来，灭吴战争正式打响。

问：你是如何应对的？

答：为了阻止晋军的进攻，我军在长江各险滩要害之处扯上粗粗的铁链，以截断战船的通道；又造了很多大铁锥，放置于江中，一旦有船只通过，就会刺破船腹。但是，晋军制作了大木筏，沿江而下，把大铁锥都拖起带走了。晋军又制作了许多巨大的火炬，绑在船头，将铁链烧毁。这样，长江变成了坦途，晋军顺流而下，势如破竹，连续攻克了西陵（夷陵）、荆门、夷道（今湖北宜都）、江陵等地。紧接着，晋军乘胜前进，所过之处，吴军纷纷投降。接着，晋军几乎兵不血刃又攻克了夏口、武昌，直指秣陵（建业）。以后，晋军几乎没有遇到什么抵抗，很快逼近建业。这时候，我才慌了手脚，立即命令丞相张悌督军三万逆长江而上，阻挡晋军。结果，吴军大败，张悌战死。天纪四年（公元280年）三月，晋军兵临建业城下，我又派游击将军张象率一万水军阻击。但是，张象望见晋军的船帆和旗帜，吓得赶紧投降了。

问：建业城肯定守不住了，你准备投降吗？

答：光禄勋薛莹、中书令胡冲等人建议，为了不让建业的百姓遭受涂炭，还是趁早投降为好。我采纳了他们的意见，让人绑了双臂，然后率文武百官向晋军投降。至此，吴国的荆州、扬州、交州、广州四个州、四十三个郡、三百一十三个县、五十二万户人口、二百五十三万人口、二十三万军队，全部纳入晋国版图，吴国灭亡了。

问：还有呢？

答：还有大小官吏三万两千人，粮食二百八十万斛、舟船五千余艘、后宫佳丽五千余人……

问：如果你以前能虚心听取大臣的意见，好好治理国家，善待百姓，认真备战，怎么会有今日之辱？

答：……

问：怎么不吭气了？

答：我无话可说。

问：后来呢？

答：我投降之后，司马炎下诏，封我为归命侯，全家迁往洛阳。这年五月，我们全家被押到洛阳，司马炎派人给我送来衣服和车乘，赐给我土地三十顷，每年供应粮食五千斛，钱五十万，绢五百匹、绵五百斤。同时，拜我的太子孙瑾为中郎，其他为王的儿子一律为郎中。其他文武官员根据才能大小，都安排了职务和工作。

问：司马炎大会群臣，跟你有一场舌战，具体情况如何？

答：司马炎召集文武群臣以及各国的使者，还有国子监的学生举行大会，让我和吴国投降过来的大臣参加。司马炎不怀好意，想在众人面前羞辱我。他指着一个座位说，朕准备这个座位等待你已经很久了。我毫不让步说，我在南方也准备了这样的座位等着你呢。

贾充在一旁说，听说你在南方凿人眼、剥面皮，这是什么刑法啊？我说，作为臣子而杀害其君（指杀害曹髦一事），还有奸险狡诈不忠的人，就应该凿掉眼睛，剥掉面皮。贾充听了，满脸羞愧，无言以对，而我则脸色不变。

亡国之君也有尊严，我不能受他们的羞辱。

问：如果把你的才能用在治理国家上，何必受人家的羞辱？

答：……

问：据说司马炎还让你作诗，怎么回事？

答：有一天，司马炎问我说，听说吴国的人都喜欢作“尔汝歌”（五言四句诗，每句都有“汝”字），你能作一首吗？实际上，司马炎以为我不会作诗，还是想捉弄我一番。当时我正在喝酒，就顺便举起酒杯说：昔与汝为邻，今与汝为臣。上汝一杯酒，令汝寿万春！司马炎捉弄我不成，非常后悔，不该让我作诗。

问：亡国之君的日子好过吗？

答：人的日子好过不好过，不在于物质生活多么富有，关键还在于心情。没有一个好的心情，再富有的日子也不会感到幸福。我作为一个亡国之君，物质方面不用操心，但心情就不行了。屈辱、悲愤、懊悔、郁闷……什么滋味都有。晋武帝太康四年（公元283年）十二月，我终于忧郁而死，死年四十二岁。

问：你的人生悲剧对后人有什么启示？

答：一个好的社会环境，有利于人的身心健康；一个不好的社会环境，很容易让人的心理扭曲，甚至变态。人的心理扭曲甚至变态，就会干出许多非常可怕的事情来，反过来影响社会的发展，形成恶性循环，这是十分可怕的。因此，任何时代，首先必须有一个稳定的、良好的、和谐的、清明的社会环境，这是普天下百姓的共同愿望。有了这样的社会环境，人的身心才能健康发展。当然，在这样的社会环境里，还必须特别注重对人的心理教育,使人养成健康的心理。一些暴力犯罪、自杀事件等，都是由于心理扭曲或者变态造成的。希望我的人生悲剧，对后人有所启发。

第二十三章

张昭：付出和回报不一定成正比

问：你是吴国的功臣和重臣，对吴国的草创、建立、巩固和发展做出了卓越贡献。但有一个问题使人疑惑，就是孙权为什么不用你做丞相？

答：这个问题比较复杂。孙权称吴王后，要设立丞相，大家都认为这个重要职位非我莫属，但事实往往出乎人的意料之外，孙权用了孙邵而没有用我。孙邵死后，大家都推荐我做丞相，孙权照样不用，而是用了顾雍。为什么呢？用孙权的话说，就是因为我性格刚直，经常批评他，不太听他的话。所以，很多情况下，付出和回报不一定成正比，付出了不一定有回报。但还要记住一句话，没有付出，肯定不会有回报。

问：是不是因为你在赤壁大战前主张投降的事？

答：赤壁大战前，我分析了敌我双方的力量，认为东吴肯定打不过曹操，所以才主张投降。我的这个主张是出于一片忠心，是为了保住江东的基业，并没有其他想法。当时，不光我主张降和，很多人都跟我的想法一样。至于判断正确与否，那是另外一回事。不管是主战还是主和，大家的心都一样，都是为了江东的事业。孙权称帝之后，有一天大会群臣，孙权对大家说，如果不是周瑜当年力主拒曹，朕就不会有今天。孙权的话并不过头，赤壁大战确实为三国鼎立奠定了基础，周瑜功不可没。我正想接住孙权的话表一下他的功德，但我还没有开口，孙权就不客气地对我说，如果按照张公的意见，今天朕恐怕成为乞丐了。孙权当着群臣的面挖苦我，根本不给我留一点面子，你想我当时是一种什么感受？我真想一头钻到地缝里去。赤壁大战已经过去二十余年，孙权用这件事讽刺、挖苦我，说明他对这件事一直耿耿于怀。当然，孙权不用我做丞相，主要还是因为我的性格原因。

问：*你神色严峻，敢于直谏，孙权对你很反感吗？*

答：开始的时候没有。我比孙权大二十多岁，他一直把我当作父亲对待，对我既尊敬又害怕。但后来他长大成人之后，就渐渐不听我的劝谏了。后来的后来，他就对我有些反感了。不过，总的来说，孙权还是一个知错能改的人。

问：*能举几个例子吗？*

答：孙权喜欢打猎和喝酒，他当车骑将军的时候，经常骑着马追射老虎。老虎可不是好惹的，好几次险些把他从马上撕扯下来，非常危险。我劝他说，老虎那么厉害，你怎么抵挡它？作为人君，应该驾驭英雄，善用贤人，怎么能骑着马在野地里追逐猛兽呢？一旦有个闪失，岂不让天下人耻笑？孙权口头上表示接受我的意见，实际上还是老样子，只不过是改骑马射虎为坐在车里射虎，增加了一些安全系数而已。但是，那些野兽多次袭击他的射虎车，情况依然危险。我再次劝他不要这样做，他根本不当回事，笑一笑就过去了。

再说一件喝酒的事。有一次，孙权在武昌大宴群臣，他自己喝得酩酊大醉，命人用清水往大家身上泼洒，并下令说，今日大家要喝个痛快，人人都要喝倒了才能结束。当时我很不高兴，作为一个领导，酗酒戏弄属下，成何体统？我没有吭气，独自一人到了外面，坐在车里等候。不一会儿，孙权派人把我叫进去，对我说，大家都在这里喝酒高兴，张公为什么生气？我说，当年商纣王做了酒池，日夜饮酒，也是为了快乐，并不认为是坏事，结果呢？孙权听了我的话，无言以对，当即宣布酒宴结束。

问：孙权称帝后，你辞掉了所有工作，是因为年老有病，还是别的原因？

答：孙权不用我做丞相，我已经很没有脸面了，再加上他当着群臣的面讽刺挖苦我，我就更受不了了。人都是有自尊心的，孙权称帝那年，我已经七十四岁了，他不重用我也就罢了，还在群臣面前让我下不来台，我一气之下，就以自己年老有病为由，辞掉了所有的工作，回家休养。孙权觉得这样不行，就拜我为辅吴将军、班亚三司，由原来的由拳侯改封为娄侯。

问：实际上，你在家也没闲着？

答：是的。我在家里专心研究《左传》和《论语》，写作了《春秋左氏传解》和《论语注》两本书。其实，研究学问也挺好的，少了许多烦心事。

问：但是，孙权感觉没有你还是不行？

答：孙权称帝后，与蜀汉又恢复了友好关系。蜀汉派使者来到东吴，大讲特讲蜀汉有多么多么好，言下之意就是东吴不如蜀汉。蜀汉的使者在那儿夸夸其谈，东吴的众臣没有一个能说过人家。事后，孙权感慨地说，如果张公在座，蜀汉的使者即使不被张公的气质所折服，也不敢在大庭广众之下自吹自擂。第二天，他就派人来看我，并亲自来家中见我。也许通过这件小事，孙权觉得我还有点用处。

问：在对待公孙渊事件上，你和孙权又发生了严重冲突？

答：是的。辽东太守公孙渊叛魏归吴，孙权非常高兴，要拜公孙渊为燕王，还要派使者前往辽东。我说，公孙渊背叛魏国，害怕魏军征讨，所以远来求援，归吴并非他的本意。如果他重新归顺魏国，我们的两名使者就回不来了，岂不让天下人笑话？孙权不听我的意见，跟我大吵起来，说我在大庭广众之下让他下不来台，实在让他难以接受。结果，他执意派两名使者率兵万人，并带着许多金宝珍货等物资，乘船前往辽东。对此，我非常气愤，于是称病不上班了。过了几个月，两名使者果然被公孙渊杀死，万人军队和金宝珍货等物资全部归公孙渊所有。孙权听到这个消息，非常恼怒，要派军队远征公孙渊。朝中大臣极力劝阻，他才作罢。

问：你们君臣是如何和好的？

答：我赌气不朝，孙权非常生气，竟命人用土塞住我的家门。意思就是，你不是不上班吗，那你就永远不要出来。我当时也在气头上，见孙权从外面封了我的家门，我就让家人在里面也将家门封死。我的意思是说，我不出去，你们也别想进来。

两名使者被公孙渊杀害后，孙权知道自己错了，就多次派人来向我认错，希望我出来上班。我仍然以有病为由，坚决不出家门。

有一天，孙权路过我的家门，在门外叫我出来，我还是不出去。孙权着急了，命人放火烧门，想吓唬我一下。我关门闭户，就是不出去。孙权没办法，又命人将火灭掉，站在门前一直等我，等了很长时间。

问：人家是皇帝，做到这个份儿上，已经很不简单了，你还不出去吗？

答：做任何事情都得有个度，作为一个臣子，我做得确实有些过分。让皇帝在外面长时间等我，确实不像话。我被孙权的行为所感动，就让儿子们扶我出去了。孙权将我接到宫中，作了深刻的自我检讨，我们君臣又和好如初了。

问：如果遇到一个暴君，你敢跟皇帝怄气吗？

答：打死也不敢。我知道孙权的心胸虽然不像他哥哥孙策那样宽广，但他不是一个暴君，他还是一个比较宽厚仁慈的皇帝。

问：你怎么说孙权的心胸不如他哥哥孙策？

答：我年轻的时候就以博学而闻名，陶谦曾经请我做他的幕僚，被我拒绝。我为什么不辅佐陶谦而辅佐了孙策呢？就是因为孙策是个值得辅佐的正人君子。在古代，君可以择臣，臣也可以择君。孙策创业的时候，我是他手下的长史、抚军中郎将。孙策得到我的辅佐，心里非常高兴，他像对待老师一样对待我，所有的文武之事，都让我负责。当时，北方的许多士大夫给我来信，盛赞我的功德，我心里非常纠结。不让孙策看这些信件吧，又担心孙策怀疑我跟这些人有什么秘密来往；让他看这些信件吧，又显得我有自夸之嫌。所以，我当时左右为难，十分不安。孙策知道这件事后，爽朗地笑着对我说，当年管仲做齐国的丞相，齐桓公尊他为仲父，最终成为霸主。今天我能得到子布（张昭，字子布）这样的贤人，同样可以建功立业。也就是说，孙策对我毫无戒备心理，对我非常信任，这就是孙策的胸怀。孙策临死的时候，将孙权托付于我，并对我说，如果孙权不是个材料，你就取代他统领军队。相比之下，孙权的心胸就差一点。他之所以不用我当丞相，就是不能容忍我经常犯颜直谏，不能容忍我刚直的性格。从这一点说，他不如孙策。

问：总的来说，你生逢乱世而能得以善终，结局还是非常不错的，你能给后人一点启示吗？

答：一个人不管他的资历有多老、能力有多强、功劳有多高，都要平易近人，待人宽厚，低调做人。要坚持原则，忍辱负重，正确看待功名地位。如果倚老卖老、自恃功高、目中无人，迟早是要摔跟头的。同时，一个人如果见风使舵，一味地献媚上司，丧失做人的尊严，最终也会被人唾弃。

第 二 十 四 章

吕蒙：读书改变了我的人生

问：你是三国时期的一代名将，但你小时候性格非常鲁莽，还动怒杀人，到底因为什么？

答：我是汝南富陂（今安徽阜南县）人，小时候就跟随姐夫郑当到了南方。姐夫郑当是孙策的部下，多次奉命征讨山越人。我十五六岁的时候，有一次就背着姐夫，偷偷跟随他的部队去作战，结果被姐夫发现了。姐夫狠狠地骂了我一顿，并将此事告诉了我母亲。母亲也非常生气，要惩罚我。我说："不探虎穴，安得虎子？不立战功，怎么能得到富贵？"母亲虽然担心我的安危，但还是忍痛让我参军了。

当时，我姐夫郑当有个手下非常瞧不起我，辱骂我说："你小子有什么本事，难道想用你的肉去喂老虎吗？"不久，他又当着我姐夫的面羞辱我，我一气之下，举起刀就将他杀死了。那时候，我的性格确实鲁莽，只顾一时痛快，根本不考虑后果。

问：后来呢？

答：杀了人之后，我逃到同乡郑长家里躲了起来。但这样躲着也不是办法，我就在校尉袁雄的帮助下出去自首。袁雄为我说情，并将我推荐给孙策。孙策见了我非常喜欢，就将我留在他的身边。

我姐夫死后，张昭推荐我统领了我姐夫的部队，并拜我为别部司马。孙权接班后，他觉得很多年轻将领统兵太少，作用不大，因此决定将这些队伍合并起来。一旦这样做，我们这些年轻将领就失去了带兵的资格。我知道后，就想办法赊来物品，为士兵做了统一的军装，并加紧操练。检阅部队那天，孙权见我的部队军容整齐，训练有素，十分高兴。他认为我很有治军才能，所以不仅没有合并我的部队，反而给我增加了很多兵力。

问：你为孙权立下很多战功，但却不爱读书学习，孙权是怎么劝你读书的？

答：我参加过赤壁大战等很多战役，战功显著，职位也越来越高。但由于我小时候不爱读书，各种知识非常欠缺，每当向上级陈述大事，只能口述，不愿意书写。有一次，孙权对我和蒋钦说："你们现在都掌管一定的军政事务，应该加强学习，开阔视野，这样对你们的工作是有好处的。"我说，军务繁忙，恐怕没有时间读书学习。孙权接着说："我不是让你们成为一个大学问家，而是让你们学习一些知识而已。你们说军务繁忙，没有时间读书，但你们有我忙吗？我小时候学习《诗》《书》《礼记》《左传》《国语》等经典书籍，唯独没有读过《周易》。自从我统领江东以来，通过学习《史记》《汉书》《东观汉记》以及各种兵书，我感觉大有益处。所以，你们现在应该马上学习《孙子》《六韬》（古代著名的兵书）《国语》和三史（《史记》《汉书》《东观汉记》）。孔子说过，每天不吃饭、不睡觉，坐在那儿苦苦思索，不如去认真读书学习。光武帝刘秀统兵作战的时候，一有空就手不释卷，曹操也说他自己活到老学到老，你们怎么就不能认真读一些书呢？"

问：你听孙权的劝导了吗？

答：我听了孙权的话，心里十分惭愧，从此发奋读书学习。日积月累，我读书的数量大大超过了那些大儒，不但学问有所长进，而且还改掉了以前过于鲁莽的性格，遇事能忍耐、冷静分析，最后做出判定，察人断事比以前高明了很多。也就是说，读书学习不仅改变了我的性格，而且增长了我的才智，使我真正感受到读书的好处。

问：你还给后人留下了“士别三日，当刮目相看”这个典故？

答：周瑜病逝后，鲁肃到陆口（今湖北嘉鱼县）接替周瑜的职务。当时，我担任偏将军，领寻阳（今湖北黄梅西南）令。鲁肃一向看不起我这个一介武夫，他路过寻阳的时候，根本没打算见我。他的手下劝他说，吕将军的功劳和名望日益增高，您不能用老眼光去看他，还是应该去拜访他一下。

鲁肃觉得这话有道理，便来到驻地见我。我置酒接待鲁肃，一杯接一杯地喝酒。喝得差不多了，我问他说：“您现在接受了重任，与关羽为邻，您打算用什么计谋和策略应对可能突发的事变呢？”

鲁肃根本没打算跟我谈什么计谋和策略，他眯着眼睛，满不在意地说：“等事变发生时，再根据情况去应对吧。”

我听了鲁肃的话，严肃地对他说：“现在，我们虽然和刘备亲密得像一家人似的，但关羽是一个非常危险的人物，您怎么能不事先制定相应的措施呢？”没等鲁肃回答，我就一条一条地给他出了几条计策。

鲁肃听罢，大吃一惊，连忙起身离座，走到我跟前，抚着我的背大声说：“吕子明，我以前只知道你只会打仗，刚才听了你的话，才知道你学识渊博，已经不是当年那个鲁莽的小子了，我没想到你的才略竟然高明到这个地步！”

我笑着对他说：“士别三日，即更刮目相待，您怎么今天才真正了解我啊？您今天接替周公瑾担当大任，对手是猛略过人的关羽。此人非常喜欢读书学习，尤其对《左传》，几乎能倒背如流。但是，关羽过于自负，骄傲自满，喜欢欺负人，跟他打交道，不能来硬的，应该以礼相待，使他麻痹，事情就好办了。”

鲁肃非常高兴，还特地拜见了我的母亲，并与我结为好友，这才告辞而去。

问：俗话说“学以致用”，你刻苦学习兵法和其他书籍，你怎么把这些知识运用到实践中？

答：学习兵法，可以提高一个人的兵略；学习其他知识，可以提高一个人的修养和道德水平。我可以举两个例子。

刘备夺取益州后，孙权派诸葛瑾讨要荆州，遭到刘备的拒绝。孙权派往长沙、零陵、桂阳三个郡的官员，都被关羽轰了回来。孙权大怒，于建安二十年（公元 215 年）派我出兵，以武力夺取三郡。

我受命之后，并不急于出兵厮杀，而是先给三个郡的太守分别写信，说明利害，劝他们投降。这一招果然奏效，长沙、桂阳太守看了我的信，就乖乖地投降了，唯独零陵太守郝普拒不投降。这时，刘备亲自从西蜀来到荆州公安，督促关羽争夺三郡。孙权也不手软，急忙命令鲁肃在益阳抵挡关羽，同时命令我放弃零陵，回军去援助鲁肃。

接到孙权的命令，我秘而不发，连夜召集诸将授计。长沙、桂阳已经归降了，我何不趁此拿下零陵呢？在前往零陵路过酃（líng）县（今湖南衡阳一带）的时候，我得知零陵太守郝普有个好朋友叫郑玄之，就将他带在军中，想利用郑玄之劝降郝普。

当着郑玄之的面，我下达了第二天攻城的命令。布置完毕后，我对郑玄之说："郝子太（郝普，字子太）也想做一个忠义之士，拒不投降，实在是不识时务。眼下，左将军刘备在汉中被夏侯渊所围困，关羽远在南郡，存亡难保，根本顾不上来救零陵。如果郝普再不投降，一旦城破，必然身死，这样岂不牵连他百岁的老母以及全家！你可以进城面见郝普，陈述利害，劝他早早投降。"

郑玄之进了零陵城，见了郝普，传达了我的意思。郝普思考再三，只得出城投降。我在城外亲自接见了郝普，并拿出孙权的命令让他看。郝普看完信，才知道刘备已到公安，关羽在益阳，离零陵很近。如果再坚守几天，援兵即可到达。郝普中了我的计策，悔得连肠子都要青了，恨不得找条地缝钻进去。随后，我率兵到益阳，援助鲁肃去了。

"不战而屈人之兵"，这是兵家追求的最高境界，而这个知识就是从兵书上学来的。我兵不血刃就夺取了长沙、桂阳、零陵三郡，这都是学习兵书的结果。如果按我早年的鲁莽性格，我肯定会硬拼硬杀，决不会想到用这种办法。

再举一个例子。

因为部下的一些事情，江夏太守蔡遗经常向孙权打我的小报告，但我却一点也不忌恨蔡遗，反而认为他做得对。豫章太守顾邵（顾雍长子）病逝后，孙权问我谁当豫章太守比较合适，我推荐了蔡遗。孙权见我不计前嫌，非常高兴，对我说："你想当春秋时期的祁奚（祁奚外举不避仇，内举不避亲，成为千古美谈）吗？"于是采纳了我的意见，让蔡遗当了豫章太守。

作为一个武将，我能做到这一点，都得益于读书学习。读书学习，提高了我的思想境界。如果不读书学习，我不会有这样的境界。

问：你用计擒杀关羽后，孙权任命你为南郡太守，并赐钱一亿，黄金五百斤，你为什么不要那些赏赐？

答：我拿国家的工资，理当为国家效力。战场杀敌是军人分内的事，怎么能因为立下一点战功就要国家的赏赐呢？

问：你四十二岁英年早逝，孙权对你评价很高？

答：平定荆州后，我就病重了。当时孙权在公安，将我接到他的住所旁边治病。孙权亲自请来名医，并许偌说，谁要能看好我的病，赏赐千金。为了不干扰我治病，他专门在墙上挖了一个小洞，随时观察我的病情。当我能稍微吃一点东西时，他就非常高兴；当我吃不下饭的时候，他就担忧得夜不能寐。我病逝以后，孙权非常悲痛，让我的儿子吕霸承袭了我的爵位。

后来，孙权与陆逊评价周瑜、鲁肃和我。他说，周瑜文武兼备，在赤壁打败了曹操，为三国鼎立奠定了基础。吕子明小时候不爱读书，但长大后刻苦学习，学问大增，其水平仅次于周瑜。尤其是用计擒杀关羽，这一点比鲁肃强多了。

问：你自学成才，终成一代名将，你对后人有什么忠告吗？

答：读书是中华民族的传统美德，一个不读书的人是没有前途的，一个不读书的民族同样是没有前途的。时下，人们都显得非常浮躁，不能静下心来认真读书，这是很不应该的。有的人宁肯去打麻将、泡酒吧，也不愿意去读书学习，以致形成麻将馆十分火爆，而图书馆十分冷清的状况。人们慨叹道德滑坡，诚信缺失，为什么会出现这种情况呢？很大程度就是人们不读书学习造成的。书籍是人类进步的阶梯，这话一点也不假。不读书学习，怎么提高人的道德水平？不读书学习，怎么提高人的修养？不读书学习，怎么提高人的精神境界？所以，不管任何时候，我们都不要放弃读书学习，因为知识可以改变命运，读书可以改变人生。

后 记

2012 年，我一头扎到史书里，到三国美美地旅游了一趟。

在三国，我“采访”了很多名人，从他们身上学到了很多东西，同时也领略了三国独特的风景。

文友们见了面，总要问我一句：最近又在写什么？

我笑而不答。

妻子见我整天忙忙碌碌，连双休日都不歇，就不住地问，你又瞎写啥？

我还是笑而不答。

不是想保密，是不想张扬。

过于张扬的人就是狂人。三国时期就出现了不少狂人，最典型的是祢衡、许攸和杨修。

狂人有三个共同点，一是有才，二是狂傲，三是被杀。他们的结局是令人同情呢，还是咎由自取？恐怕每个人都有不同的思考。

我觉得关羽和张飞也算得上是狂人，所以二人的结局同样不好。

在我“采访”的三国人物中，我最佩服的是司马懿。司马懿有才，但不狂傲，总是夹着尾巴做人，所以能善终。这样的聪明才是真聪明。

在写作这本书的过程中，我没有告诉任何人，包括我的妻子。感谢司马懿、祢衡、许攸等人，是他们让我“聪明”了一回。

当今社会如此浮躁，感谢管宁等人，让我能够远离喧嚣，静下心来做一些自己喜欢的事情。

我还要感谢曹操和吕蒙，他们使我更加深刻认识到读书学习的重要性，使我能够愉快地阅读《三国志》《后汉书》《资治通鉴》等大量史书，因而有了这本《采访三国》。

我是带着敬畏的心情“采访”三国人物的，他们虽然成的成、败的败、死的死、亡的亡，但他们每个人都是一本生动的教科书，给我们带来有益的启示和深刻的思考。能从他们身上学到一点东西，得到一点启示，吸取一点教训，这就足够了。

感谢他们，感谢历史！

史宗义

2017 年 3 月